连接力

社交时代的个体生存法则

刘Sir◎著

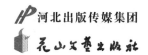

河北出版传媒集团

花山文艺出版社

图书在版编目（CIP）数据

连接力：社交时代的个体生存法则 / 刘 Sir 著 .--
石家庄：花山文艺出版社，2020.9
ISBN 978-7-5511-5267-9

Ⅰ．①连… Ⅱ．①刘… Ⅲ．①个体经济 – 通俗读物
Ⅳ．① F121.23-49

中国版本图书馆 CIP 数据核字（2020）第 174544 号

书　　　名：连接力：社交时代的个体生存法则
　　　　　　LIANJIELI: SHEJIAO SHIDAI DE GETI SHENGCUN FAZE
著　　　者：刘 Sir
责任编辑　郝卫国
责任校对　董　舸
封面设计　MM 末末美书
美术编辑　胡彤亮
出版发行　花山文艺出版社（邮政编码：050061）
　　　　　　（河北省石家庄市友谊北大街 330 号）
销售热线：0311-88643221/29/31/32/26
传　　真：0311-88643225
印　　刷　天津旭非印刷有限公司
经　　销　新华书店
开　　本　880×1230　1/32
印　　张　8
字　　数　130 千字
版　　次　2020 年 9 月第 1 版
　　　　　　2020 年 9 月第 1 次印刷
书　　号　ISBN 978-7-5511-5267-9
定　　价　49.80 元

新闻界流传着一个故事，德国有一家报纸为增加发行量，设计了一个非常艰巨的挑战：帮助法兰克福的一家烤肉店老板找到他和他最喜欢的影星马龙·白兰度之间的联系，目的是看看人与人之间的联系到底有多密切。

马龙·白兰度是美国著名演员，也是全世界最伟大的男演员之一。要找到一个普通烤肉店老板与一位享誉全球的巨星之间的联系，听起来简直是天方夜谭。

但是，报社工作人员经过多方努力发现，这两个人之间只要通过几个人的私交关系，就能建立起联系。这家烤肉店老板是一位伊拉克移民，他有个朋友住在美国加州，而这个朋友的同事的女儿有个闺蜜，这个闺蜜的男朋友就是电影《这个男人有点色》的制片人。巧的是，这部影片的主演就是马龙·白兰度。

这个结果令人们惊讶不已：原来我们跟周围的人都是紧密相连的。那么通过这样的连接关系，我们是不是也可以认识姚明、周星驰，或者贝克汉姆、C罗？

答案是：完全可以。

早在2006年，微软公司通过一项MSN网络消息传递试验的研究证明：任何两个陌生人之间，平均只需通过6个人就能建立连接，这就是著名的"六度空间"理论。在这个理论的影响下，诞生了一个重要概念——连接力。

什么是连接力呢？

在我看来，连接力首先是一种思维方式。我们现在所处的是一个互联网＋时代，同时也是一个整合共赢的时代，再想靠自己单打独斗获得成功已然行不通了，每个人都是网络中的一部分，每个人身后也都有三个网络：个人网络、组织网络和社会网络。你只有将自己放入这三个网络当中，与他人、与组织、与社会构建连接、彼此合作，才能使各种优势实现互补，进而获得整体优势，提升个人的价值。

其次，连接力已成为未来的一种生存方式。人的价值由两方面决定：个人能力和其背后的网络。在网络当中，每个人都是其中的一个点，与他人之间的关系就是一条条线，点和线结合在一起，便构成了一个彼此连接的网络。在这个网络中，你的能力越强、价值越大，接触和连接的资源就越多，形成核心竞争力的速度也就越快。所以我常说，社会网络就是促进个人生存和能力增长最好的土壤。

互联网+时代的核心特质之一就是连接。如果说互联网思维是基于一个整体的归纳视角，那么连接力就是从个人角度去审视自己与他人、与社会、与未来的关系，它是一种可以融人社会网络之中，并且成功地运营和发展网络关系的能力。它让我们通过与他人的合作、分享实现资源的连接与整合，让更多创意、创新集成交融，从而使其中的每个人都各得其所、实现共赢。

当然，最初我对"连接力"这个词的理解也很模糊，但随着这个词越来越多地出现在我的生活和工作中，我意识到，我们已真正迈入了一个万物互联的时代，从来没有哪个时代能像今天这样，将这么多具有不同背景的人、事、物如此紧密、快捷地连接在一起。这种连接模式既让我们获得了空前的能量，也不断使每个个体的人生修炼精进。

本书便于这种情况下应运而生。狄更斯曾说：这是最好的时代，也是最坏的时代。而我说，这是一个"连接"的时代。从茹毛饮血的原始社会到现代的智能化社会，从最初的点到线、到面、再到体的不断连接，连接力所带来的效应从未像今天这般强烈过。

那么，在这种爆发式增长的效应下，我们该如何建立自己的连接力，提升自己在集体和网络社会中的核心竞争力呢？

本书中"五力模型"就是答案。它会告诉你，在这个社会大背景下，你要怎样做、通过哪些方式，才能将自己成功打造为一个具有高价值的值得被连接的人，从而构建起极具深度和广度的连接力网络。

如果你玩过PC游戏《帝国时代》或者是桌游《七大奇迹》，我想你应该记得自己为快速升级绞尽脑汁、精挑细选整理资源的过程吧？其实我们的现实世界同样如此。在过去几百年中，人类都在忙着开疆拓土、建立国家；而如今，地域决定实力的时代已成为过去，"连接力决定未来的竞争力"才是新的箴言。万物交织成网，彼此相通，人与人、人与组织、人与社会、过去与现在之间都在不断地进行连接。在这个过程中，只要你有价值，声音再小也能被听见，创意再小也有发光的可能。

所以从现在起，请你努力构建自己的连接思维，提升自己的核心价值，这样，你才能为自己打造出一条适应当下和未来社会的全新生存之道。

目 录
Contents

01
网络社会的本质是资源和价值的交换

02

构建力：做价值给予者，而不是价值索取者

03

选择力：决定你是谁的，不是你的天赋，而是你的选择

04

运营力：网络社会的核心竞争力

05

协同力：不是你能指挥多少人，而是多少人愿意与你合作

06

影响力：快速成为圈子里的关键领袖

07

从低维到高维：连接的点、线、面、体

后记　未来，人将连接一切

01

网络社会的本质是
资源和价值的交换

　　当下的社会就是一张网，谁也无法独自生存，我们与他人之间始终处于一种连接与被连接的状态。人与人之间、企业与企业之间、产业与产业之间的壁垒越来越模糊，不同行业之间开始相互影响，跨界合作与竞争已成为常态。在这种情况下，资源与价值的交换就显得尤为重要。而作为个体的我们，如何与那些最有价值的职业发展赛道形成连接，实现个人价值的倍速成长，是每个人都应该深切关注的问题。

1.1 环境放大努力成果：
你在哪里比你做什么更重要

周围的环境对我们的影响越来越大。就拿学习这件事来说，一说起学习、给自己"充充电"，我们首先想到的是什么？可能是学什么、去哪儿学、怎么学。但大多数人没有意识到，其实影响学习效果最重要的不是这些，而是我们所处的社会环境——我们接触到什么人、经历哪些事，这些往往比读书、上课给我们带来的影响更大。

我曾经被问起，写书、出版是不是特别难？其实我心里清楚没那么难。我问自己周围搞文字、搞出版工作的朋友，大家都感觉没那么难，也没什么好羡慕的。这就是因为他们身处在一个文化出版的环境中，对这一切都十分熟悉，就会感觉这件事挺简单，起码没那么难。

这也说明，一个人想成功，就要先到一个成功的环境中，虽然这不一定百分百保证你成功，但一定会对你的成功有帮助。著名投资大师巴菲特就曾给年轻人提出两个建议：第一，去接近成功人士，让他们的想法影响你；第二，走出去学习，让精彩的世界影响你。桥水投资公司总裁瑞·达利欧也给年轻人提了一些类似的原则，其中有一条就是：你和谁在一起、在哪里，比你做什么更重要。

两位大佬给年轻人提出了一些类似的建议绝不仅仅是巧合，而是他们真正看到了环境的力量。

我之前看过一次高晓松的访谈节目，他在节目中说自己是个比较懒的人。但高晓松觉得自己也不能太差劲，至少他不想比身边的人差太多。于是，他就跟着身边的人学学看看：人家学什么，他就跟着学学；人家干什么，他也跟着有一搭没一搭地干着。结果等他走向社会后一看，自己竟然一直都走在社会的前列。

为什么会这样？按常理说，懒人一般比较难成事，但高晓松出生在一个高级知识分子家庭里，他身边人的学识、眼界和素养都不是一般人能比的。在这样的环境里，他平时耳濡目染的东西就够外面的人学几年了。

高晓松的成功固然与他的出身有关，但同时也说明一个人成长、生存和成功所需的重要维度，就是你所在的环境。我们都知道"孟母三迁"的故事，孟子的母亲为什么不厌其烦地带着孟子到处搬迁？就是为了给孟子寻找更适合他的环境，接触更好的人。换句话说，你选择了什么样的环境，就等于是加入了什么样的社会网络，与哪些人产生了连接，同时也获得了什么样的机会。一杯可乐，在普通餐厅中可能只卖5元钱，放到酒吧就要20元，到五星级酒店可能就涨到50元了。是可乐不同吗？不是。是可乐所处的环境不同，身价也立马不一样了。

所以，有时候我也会拿出"地理决定论"来跟身边的朋友或员工调侃，告诉他们，别光天天就知道低头工作，也要多抬起头看看自己周围的环境和圈子，看看能不能从中找到与你的工作相关的更多连接或突破口，这要比你每天埋头工作更重要。环境也许不能决定你的努力程度，但却能放大你的努力成果，因为它能为你提供更多的机会。你在一个具有高价值的网络中所获得的资源，可能要十倍甚至百倍于你在一个低价值网络中所获得的资源。

那么，我们怎么知道自己所处的环境或圈子到底是不是有价值的呢？或者说，我们怎么判断一个环境能不能为我们提供更有价值的资源呢？

我的判断标准就是：看这个环境或圈子是否能产生更多的创新机会和提供更多高质量的信息。要知道，网络社会中的所有信息、资源都是多元化的，而你所在的环境如果能为你提供更高质量的信息与资源，那就等于为你提供了更多的创新可能。

就拿你所在的公司来说，公司的规模、名气固然重要，但更重要的是这个公司是否拥有优秀的人才和开放的文化，是否在不断进行积极的创新与改进。如果公司为你提供的薪资不错，工作也比较稳定，很少有新的变化，你只需按部就班地完成本职工作，基本就能舒舒服服地干到退休，这也许会让很多人感到满意和羡慕。但我认为，这其实是个很危险的信号，因为你所处的环境就是个低质量环境，根本不能为你提供任何新的、有价值的资源，当然你也不可能在其中获得任何成长和进步。

相反，一个公司虽然规模不大，最开始的待遇可能也不高，但你每天都有机会接触到各行各业的精英人士，可以与他们打交道，建立连接，那这样的公司就属于一个高价值环境，员工在其中也能获得更高质量的人脉、更先进的思维方式、更有效的经营策略以及更多的成长和成功机会。现在很多从知名媒体出来的媒体人都在创业，大部分干得风生水起，其中一个重要原因，就在于曾经的平台为他们提供了高质量的社会网络和信息资源。

另外，你平时所在的圈子，以及在圈子中接触和打交道的人也很重要。我经常听一些人说，现在有些商学院或商业模式的线下班动不动就要几十万元学费，太贵了吧？有必要去上吗？现在互联网上有那么多大咖的课程，又方便又省钱，干吗要花那么多钱去上呢？

网络的确为我们提供了许多便利，不用花多少钱就能买到高质量的课程，但对于那些花大钱去上商学院、上线下班的人来说，他们要买的并不是知识，因为他们自己可能都已经是行业里的专家了，他们需要的是环境、是价值网、是人脉资源，他们加入这个群体的目的是为了获得更高价值的连接与合作机会。

所以，从某种意义上来说，现在真正值钱的不仅是知识，还有高质量的环境。在网络社会中，一个人要想成功就必须具备两个条件：一个是自己的能力，另一个就是你背后的社会网络或者说是环境。当你加入一个优秀的集体，与周围优秀的人产生各种连接后，你成长的速度就会在不知不觉中提升，因为你在与对方交流的过程中无形地就打开了眼界，同时也将自己放入了一个倒逼着自己进步的环境之中，这一定会比你从事什么工作，或一个人默默地付出多少努力，更容易让你触摸到成功。

1.2　当能力表现无法衡量时，社会网络驱动成功

"这些年来，我一直都努力地学习、辛勤地工作，可到头来为什么还是这个样子？"这可能是我们在职场中听到过最多的抱怨了。为什么会这样呢？

从我个人角度来看，这些人是掉进了所谓"成功"的误区。我们努力学习、工作，想尽办法来精进，这些看似都在提升自己的能力，因为大多数人主观地认为，个人能力越强，肯定就越容易成功。可事实真是这样吗？

我来举个例子，A和B是同一所大学的同班同学，A是超级学霸，性格高冷，不愿与人交往；B成绩一般，性格温和，乐于与人交往。两人毕业后，高冷的A进入了一家500强企业，而温和的B进入了一家普通企业。

为了让自己不被超越，A每天都很努力地工作，"996""007"几乎成了常态。当然，A也取得了让领导认可的业绩，职位一路高升，最后坐上了分公司总经理的职位。

但A并不满足，他认为以自己的能力完全可以进入公司高层，现在却只混了个分公司总经理，因此每天郁郁不得志："为什么我这么努力还是不行呢？"

再来看看B，B所在的公司虽然不大，但氛围很好。而B因为性格温和，又愿意帮助人，在公司里很有人缘；加上能力也不差，颇受领导器重，经常派他出去谈一些重要的合作业务，这让B积累了不少客户人脉。

后来B辞去了工作，自己成立了一家小公司。尽管如此，B仍然与原来的公司保持着联系，原来的公司领导还给B提供了不少帮助；同时因为B自己攒下了不少人脉资源，以往合作得很好的客户也愿意给他投资。很快，B的公司就形成了一定规模。

这个故事是不是感觉很熟悉？其实类似的案例在职场中非常常见，很多人都经历过，也许你就是其中的A或B。A的能力原本比B强，可为什么最后成功的是B呢？

原因就在于，A是用固定型思维来考虑问题，他的格局和视野决定了他眼中只有自己的一亩三分地。B的能力虽不及A，但他具有开放型思维、成长型思维，他能与周围的人形成情绪连接，再借助这些人脉关系撬动资源。所以我们应该看到，决定人的能力层次的并不是他的努力程度，而是他做事的思维方式。

我在读《巴拉巴西成功定律》一书时，被其中的一个故事深深触动了。作者巴拉巴西在书中举了德国两个王牌飞行员的案例，这两个案例更能说明问题。有两位能力相近的飞行员，其中被称为"红色男爵"的飞行员，其称霸战场的故事流传了一个多世纪，以他为主题的书籍达30多本，他的人物形象还曾出现在好莱坞电影、连环画和纪录片中。另一位飞行员与"红色男爵"相比，战斗力甚至更强，但后人对他的了解却仅限于一本不出名的自传，很快就被时代遗忘了。

为什么会这样？难道能力表现不能决定一个人成功与否吗？

巴拉巴西为此做了大量的数据整理和分析，最终得出一个结论：一个人的能力表现固然重要，但它却不是决定你能否成功的最重要因素。决定一个人能否成功的，更多的是社会网络的作用，就像上面案例中的B和"红色男爵"一样。

那你可能还会问：是不是我不用努力，依靠社会网络宣传，就能成功呢？

其实这又陷入了一个误区。社会网络可以驱动成功，但前提是你要有拿得出手的真本领。比如，"闪电"博尔特能在百米中跑出9.58秒的成绩，库里单赛季能投进402个三分球……这是人家的真本领，是可见的、可衡量的。而且你的成绩越好，你就越接近世俗意义上的成功。

但有些能力是没法衡量的，比如艺术家和艺术作品。你怎么判断一个艺术家是不是成功？肯定要看他的艺术作品、艺术成就。而判断艺术作品的好坏本来就是件很主观的事，每个人都可能有不同看法。这时怎么办？

这就需要我们借助于社会网络来判断了。当整个社会都承认这是一件有价值的艺术品时，那它就是有价值的。为什么凡·高生前只卖出一幅画，死后他的作品多数都卖到了上亿美元？这其实就是社会网络推动的结果。

所以，巴拉巴西告诉我们：**如果能力表现可以测量，能力表现驱动成功；而依靠能力无法进行衡量时，就要依靠社会网络来驱动成功。**

这一点我也曾多次与朋友和员工讨论过，事实上我们发现，随着网络社会连接得越来越紧密，能力相对难以衡量的领域已越来越少，而能力的可衡量维度越来越多，可衡量性也越来越强。并且我认为，如果我们从一个更广阔的空间层面来看待，即使一个人的能力可衡量时，同样需要社会网络驱动他最终的成功。比如我们称李佳琦、薇娅为超级传播个体，他们创造了一个又一个的带货纪录，这就是可衡量的，但他们的成功又离不开平台、离不开社会网络。这是双重因素推动的成功。

　　社会网络驱动成功背后的逻辑在于，拥有可衡量能力的个体分布具有不对称性，个体能力在不同领域存在价值的相对性。既然没有绝对的对称和绝对的价值，那么"酒香也怕巷子深"。所以在这个时代，你的个人能力或产品质量固然很重要，但更重要的是你的思维模式，要学会与外面的世界形成连接。我们常说，那些善于倒腾资源的人越倒腾越活，其实就是他们懂得如何与社会、与世界进行连接，越懂连接就越容易成功。

1.3 高价值网络资本决定了个体反脆弱能力

创业最怕什么？我想每个创业者都有自己的答案。一千个人心中有一千个哈姆雷特，一千个创业者心里也会有一千个害怕出现的状况：大到经济形势的恶化、相关政策的调整，小到重点员工离职、原材料涨价……凡此种种，都会让创业者头疼。表面看起来，这些潜在的风险都会危及企业，但归根到底，其实大家害怕的只有一件事，就是企业可能出现的不确定性风险。

我有个朋友，是做股票研究工作的，有一天我们一起吃饭，吃着吃着就聊起了猪肉价格，他说："你知道吗？好多养猪大户动不动就养成千上万头猪，可真正挣到钱的却没几个。"

我就很好奇，他一个做股票研究的，难道还研究养猪问题吗？然后我问他为什么会出现这种情况？

他说："这些养猪的农户都有一个共同点，比如一开始养

50头猪，赚钱了，接着就再增加50头猪；发现100头猪赚钱了，那马上又增加到200头……结果一旦出现猪瘟，就全赔光了。"

这其实就是企业面临的不确定性风险，也体现出了企业的脆弱性。为什么很多企业创立不久就倒闭了？其实就是因为创业者没有考虑过企业的脆弱性，也缺乏反脆弱的能力。

那么，什么是反脆弱能力呢？这还要从"黑天鹅事件"说起。

早在17世纪前，欧洲人认为天鹅都是白色的，但后来突然出现了一只黑天鹅，打破了人们的固有思维。后来，著名风险管理理论学者纳西姆·尼古拉斯·塔勒布就写了一本书，名叫《黑天鹅：如何应对不可预知的未来》，所以"黑天鹅事件"也表示不可预知的未来或可能发生的重大事件，是具有不确定性的。后来，塔勒布又写了另一本书叫《反脆弱：从不确定性中受益》，针对可能影响企业生存的"黑天鹅事件"给出了解决方案，就是反脆弱能力。

所以，反脆弱能力其实就是当你知道"黑天鹅事件"必然发生时，必须具备的应对能力，这种能力让自己变得更好、更强大，而不是保持现状，走一步算一步。

回到个人身上，我们每个人都要具备这种反脆弱能力。我们在评价一个人的实力时，往往会从个人能力和经济实力上去衡量。当然，个人能力也可以变成经济实力，而经济实力又能让一个人接触到更广阔的世界，获得更多的机会，从而提升个人能力，这两点是相辅相成的。

以上两点比较容易衡量，但除此之外还有一个维度，就是社会网络资本。它关系到一个人所能触及的社会人脉网络的数量、质量、深度等，通常比较难衡量。比如说，每个人都有自己的家族网络，但普通老百姓的家族网络与经营了三四代的豪门家族背后的网络力量肯定是没有可比性的。

通常来说，一个人的社会网络资本主要来自于以下三方面：

第一，你的社会网络有多少？除家族网络外，你的公司网络、兴趣网络、朋友圈、平时维护的各种圈子有多少？

第二，你的社会网络中愿意帮你的人有多少？帮的强度有多大？这一点主要靠你平时的维护，也要看你在这个网络中是否提供了价值、找到了合适的位置。

第三，你的社会网络中的人拥有哪些资源？他们背后的信息资源和行动能力如何？

以上三点决定了你的社会网络资本有多强大。

那么，**与个人能力和经济实力相比，社会网络资本的优**

势就是它的反脆弱和抗风险能力。个人能力会随着年龄增长、环境改变等发生变化，大部分人的经济实力也都具有较大的不确定性和由此带来的风险性。但社会网络资本背后的网络是多元的，网络背后的人又是分散的，这就使得只要网络存在，你的网络资本就能源源不断地为你提供助力。

当然，社会网络资本也需要积极维护，需要你能在其中提供价值，就算是靠血缘联系的家族网络，别人帮你的意愿和强度也要看你与他们之间的连接力，以及你本身的价值和付出。只有在这种前提下形成的网络资本，才是高价值、高质量的社会网络资本，它也将直接决定你的个体反脆弱能力。

我们常说富不过三代，为什么？如果我们从社会网络的角度来理解其实很简单。虽然家族企业中的第二代、第三代能够继承公司，坐上高位，但如果他们之前没有在这个网络中建立起自己的价值，没有成功接入这个网络，那么即便坐在高位之上，也无法调动起原来的社会网络为他服务。在这种情况下，继承者自然就无法完全继承公司。同样的道理，很多空降领导的问题、很多组织办公室斗争的问题，如果从这种多重网络和网络资本的角度去理解，就豁然开朗了。

所以说，在巨大的未知性面前，一个人只具备个人能力和经济实力是不够的，或者说仍然是脆弱的，只有建立起自己的高价值网络资本，才能增强反脆弱能力，才能有效抵抗风险，获得更大的收益。

1.4　你的个人价值取决于你 "高价值优质客户的数量"

西班牙有一句谚语："告诉我你和谁闲逛，我来说出你是谁！"这句话的意思是说，通过你所交往的人，我就能判断出你的身份、地位及个人价值等信息。

美国经济学家乔治·吉尔德曾提出了"梅特卡夫定律"，本来是应用于网络的价值和网络技术发展的，它的内容是：网络的价值等于网络节点数的平方，即网络的价值与联网的用户数的平方成正比。简单来说就是：一个网络上的用户数量越多，那么整个网络和该网络内的每台计算机的价值就越大。

实际上，梅特卡夫定律不光是应用在计算机网络和通信网络上，同样可以应用在我们的社会网络上。比如，人与人之间的交往也具有这样的特性，你交往的人越多，你的圈子就越大，这个圈子带给你的价值也越大。这就是不断连接所带来的个人价值的真实效应。

不过梅特卡夫定律也有不完善的地方，就是它要在理想状态下才成立。它成立的前提条件是：这个网络必须是双向沟通的点对点的通信网络。放在我们的社会网络上来说，这个前提同样要满足。拿电子邮件来说，你给对方发了一封邮件，求助建议，对方回复了，这才是双向的互动。而有的网络就是单向沟通，比如你在网上购物，跟卖家没什么交流，买完拉倒，这对于卖家来说就没有收到什么有效的互动价值，只不过是增加了几个新用户而已，并不会呈现平方层级的增加。所以我们说梅特卡夫定律是受限制的，是有适用场合的。

在梅特卡夫定律中，网络的价值不仅与用户人数相关，还与用户之间交互作用的强度有关。用户之间的交互性强，用户获得的效用就越大，也更愿意把钱从口袋里掏出来，这样对网络价值的贡献才会增强。对于这种交互强度的效用，我更愿意用"连接效率"来表达。

为什么这样说呢？因为在一些大型网络上，每个人之间有着无数种可能的连接，但大多数连接根本就没发挥效用。而且，网络上各种节点连接的黏性也是不一样的，那么这些节点的网络价值自然也是不一样的。

在这种情况下，一个人的核心价值在哪里呢？结合梅特卡夫的网络价值定律，我们就会发现，其实一个人的核心价值就在于能否更加有效地去连接各种资源。展开来说，这包括三个维度：

第一，看你连接的资源是不是足够多，也就是连接资源的数量；

第二，看你连接的资源是否足够优质，也就是连接资源的质量；

第三，看你连接资源的方式是不是足够高效，也就是连接资源的效率。

如果你所连接的资源符合上面三个维度，那么这些资源就属于你的"高价值优质客户群"，它的数量将直接决定你的个人核心价值。

我的一位朋友经营着一家培训机构，做得风生水起，经常跟一些行业大咖有合作。在外人看来，他是个很内向的人，不太善于跟人打交道，而培训机构一般都是要四处去拉客户的，他这样一个人，是怎么把公司经营得那么好的呢？

其实大家看到的都是一些表象，似乎一个企业要做好，领导就必须每天喝酒应酬、混圈子、认识大佬。其实不是这样的。

一些很优秀的人，每天看上去好像都是风风光光地站在聚光灯下，但实际上这只是他们向外展示的10%而已，剩下的90%的精力他们会用在自己的团队建设、公司管理以及自我精进上。当你自身的能力或水平达不到高质量优质客户的需求时，就算跟人家关系再好，你对人家来说也不是太有价值的人，即使双方有过一两次合作，也很难持续。相反，当你具备了相应的能量和气场，可以用得上所谓资源的时候，那些与你连接的才是真正的资源，你也才能通过这些资源更好地提升个人的价值，慢慢成为他人主动连接的资源。

那么，我们如何去连接那些"高价值优质客户"呢？

第一，我们要在自己的专业领域有丰富的积累，最好已具备了一定的权威性，甚至打造出了自己的个人品牌。这样，我们在与人主动连接时才能快速被对方记住和传播，并有可能创造出更多的被动性连接，从而产生更多的合作，获得最大化的被动收入。简单来说就是，你的优势感越明确，对接优质资源的效率就越高。

第二，我们要把握好连接的频次与活跃度。一个人越去连接，就越能被连接，其连接的价值也就越高，这也是为什么说"好关系是麻烦出来的"。我们前面也讲过，当能力表现无法衡量时，就必须借助社会网络的驱动来获得成功。这其实与我前面说的只花10%的精力向外展示并不矛盾。虽然相对于90%来说，这10%是很少，但并不表示不需要，只不过要做到投入产出最大化。即我们要找到最好、最合适的资源去进行连接，这样才能更精准地连接资源，让连接更高效。

1.5　连接力是你进入网络和发展网络关系的能力

　　在新媒体时代，衡量一个人的价值标准已不再看这个人拥有什么样资源和能力了，而是看这个人拥有多强大的连接资源能力。对于个人来说，强大的资源连接能力能让你的个人价值获得更大的发挥；对于企业来说，一个优秀的上司能连接公司的发展与员工的规划，一个出色的创意又能连接顾客的需求与品牌的诉求等，这些都使连接能力显得越来越重要。

　　其实，我们每个人都是社会网络中的一个连接点，通过自己在其中的地位和价值为他人提供各种各样的资源和信息，形成一定的带动效应。同时，我们自己也从中获得自己想要的资源和信息，受到他人的影响和带动。比如，最近有新电影上映了，你可能不会马上去看，而是先在朋友圈里看看别人看过了没有、评价怎么样，然后再决定自己去不去看，这就是他人与你的连接对你产生的影响。还有你回忆一下自己第一次下载某个APP的场景，是不是也因为朋友或同事的推荐？

所以说，我们在社会中生存，所面对的不是一个个单独的人，而是一个个网络。你在这个网络中的连接力越强，你获得的资源、信息也越多。同时，你也是这个网络中的一个连接点，你对一些问题的看法、反馈和评价，同样会影响网络中其他的连接点。而且你的连接力越强，也越容易进入各种社会网络，并在其中快速形成一定的网络关系，继而进行各种商业合作、知识分享和博弈共赢等。为什么李佳琦一场直播就有几百万人同时在线看？一个最主要的原因就是他很好地连接了观众的购买需求和自己的演说才华。一个具有优秀连接力的人，是可以运用这种能力找到适合自己的商业模式，获取巨大财富的。

那么，是不是我们跟别人连接越紧密，获得的资源就越多呢？也不完全是这样。

我有个邻居，是做技术维护工作的，去年辞职了，想换份新工作，面试了几个都不满意。有一天我们碰巧在楼下遇到，就聊了几句。了解他的情况后，我说凭你的技术水平，找找相关资源应该不难换一份理想的工作吧？他说身边的朋友都问了，没合适的。我说那除了身边的朋友，有没有问问其他稍微不那么亲密的朋友，或者平时联系很少的熟人呢？比如以前的客户。

就这句话提醒了他。大概一周后，出门上班时又碰到了他，他说已经入职了。听了我的建议后，他就问了很久以前曾服务过的一个公司老板，结果对方对他的技术很欣赏，直接面试入职了。

这就是连接力带来的最明显、最直接的效用。很多人找工作时，只想着跑招聘会、投简历，其实有时候与其四处跑招聘会，反而不如直接去跑"关系"。格拉诺维特在《镶嵌》一书中就提到过这个问题，他说：那些能帮你找到工作的人一般不是你身边的亲朋好友，或者跟你交情颇深的人，因为这些人整天跟你在一起，每天想的、做的、经历的跟你都差不多，你找不到的工作机会他们也很难找到。而另一种跟你关系不那么亲密的人，反而能为你提供一些新的机会，因为他们与你的朋友圈重叠度小，能从其他圈子中给你带来有用的信息，通过这种关系你更容易找到理想的工作。

这也提醒我们，要想发展社会关系，就不能像井里的青蛙那样，只看到头顶上井口大的一片天，而要具备开放性思维，把目光放长远些，对于关系网中的那些"不那么亲密的关系"也要好好维护。

怎么才是好好维护呢？或者说，我们怎样才能让这种"不那么亲密的关系"在关键时刻发挥效用呢？主要还在于你与他们之间建立有效的连接，我建议可以从以下三个方面入手：

第一，能够进行正向输出。

说起"得到"APP的创始人罗振宇，大家应该都不陌生。他不但个人拥有相当大的阅读量，还曾主持过个人知识脱口秀节目《罗辑思维》。这个节目我原来非常喜欢看，感觉内容风趣有料。后来，我又很喜欢听他读书，每次都感觉收获满满。其实在某种程度上来说，他的"罗辑思维"就像是读者的一个书童，帮助读者从浩瀚的书海中寻找到各种各样的好书，然后再帮你归纳、总结出书中的精华，引导你去更加深刻地吃透这些书。

这就是一个特别好的正向输出，把读者和知识紧密地连接了在一起。

其实任何时候都是这样，不管你是创业时为了一个目标，将一群人、一堆资金和一众资源连接成为一种网络关系，还是个人构建自己的各种人脉圈，最终这些网络关系能否为你提供价值，关键都在于你连接能力的强弱。

第二，善于合作、分享、共赢。

连接力具有合作、分享、共赢的前提，这也是对"互联网思维"的直接继承。如果你想通过"弱关系"实现获益，首先就必须有合作、分享和共赢的心理，不能只想着利用别人的关系、占别人的便宜，坐享其成，自己又不想给别人提供资源或帮助。社会网络研究权威专家尼古拉斯·克里斯塔基斯，在他的《大连接》一书中就提出，"合作者连接他人是为了创造更多，而坐享其成者连接他人是为了从那些创造者身上获得好处"。如果你总抱着这样的思维混圈子、混网络，早晚会被踢出局。

第三，积极进行自我输入。

从小时候起，我们就知道身上长处多的人容易交朋友，比如你会唱歌、跳舞好、个性活泼、乐于助人，那大家都乐意跟你玩儿，有好事也愿意跟你分享。这其实就是一种资源的置换。连接力的本质也是关系的交换，你自己强大、身上有闪光点，自然就会吸引别人来跟你合作。

要想让自己强大起来，就必须具备成长性思维，积极进行自我输入，不仅要通过各种方式提升自己的知识技能，还要从与其他人的沟通交流中获得新知识、新观点、新资源，学习他们的思维方式、思考视角等。

　　总之，所有的主动连接，出发点都是"我需要"；所有的被动连接，都源自你"被他人需要"。再直白一点说，就是你之所以能被连接，或者说你的连接能力强，更多的是因为别人觉得你有价值，并需要你的价值。在这种情况下，你想要进入某个社会网络，在其中发展网络关系，并最终形成属于你自己的连接网络，那么就必须能在其中真正体现出你的个人价值。

1.6 "五力"崛起，打造超强连接力

通过前面的阐述，我们对连接力应该有了一个基本的了解了。

简单来说，连接力就是一种基于社会网络价值而存在的核心能力，或者说是连接一个网络和另外一个网络的能力。一个具有优秀连接力的人或组织，可以通过网络飞速地获得信息，找到自己所需要的人、事、物，同时也能飞速地进行信息的整合与共享，实现彼此的共赢。

所以，现在越来越多的个人和企业也都试图跳出传统的价值思维和产业链范式，走向以网状协同为标准的价值网络时代。在这种情况之下，谁先在社会网络中建立连接，谁就能拥有最广泛的连接力，就能最靠近连接的中心点。从某种意义上来说，谁拥有最强大的竞争优势，谁就能主导游戏走向。

那么，作为一个社会网络中的个体，我们应该怎样打造

自己的连接力呢？

我认为应该从五个方面入手，我把这五个方面称为"五力"。如果你能将这"五力"打造好，你也就获得了超强的连接力，说你在互联网中如鱼得水也就不为过了。

关于"五力"的内容，我在这里先给大家简单介绍一下，后面章节再详细阐述。

第一力：构建力。

要与他人之间建立连接，首先你要具备"给予"的思维，愿意帮助别人，同时也乐于接受别人的帮助。彼此之间经常分享信息、交流思想、提供协作，其实就是在构建一种网络人脉关系。你的人脉关系网越大，连接力就越强，接触到新的资源和视角的机会就越多，而这将帮你超越自己有限的资源和视角，带来更广阔的发展天地。

那是不是随便拉一个人来，我们都要跟他建立连接呢？

并非如此。虽然现在是一个信息资源超级丰富的时代，但同时也是一个资讯泛滥的时代，这导致我们的人脉中增加了大量的"僵尸粉"。为了远离"僵尸粉"，构建自己高质量的人脉圈，美国著名商业思想领袖朱迪·罗宾奈特在她的《给予者》一书中列出了"5+50+500"的个人网络模型，即你要拥有5个顶级关系人、50个关键关系人和500个重要关系人。这样的人脉圈就是一个强关系人脉圈。

要构建这样一个个人网络模型，首先你要盘点自己的价值潜力和自身优势，然后制订一份"5+50+500"模型的人脉列表，依据列表进行有效连接，最后才能逐渐形成自己的人脉圈，形成一个小型的生态系统。只有你所在的这个网络生态系统更大、更多样化，你的连接力才会更强。

就拿李善友教授创立混沌大学的例子来说，混沌大学刚成立时，李善友教授就鼓励老学员邀请新学员前来听课。每成功邀请一位，不但老学员会获得奖励，新学员也会获得更多的优惠。这样一来，老学员的积极性就会被调动起来，转而去邀请那些与自己有连接关系的人。这就像原本你有5个学员，现在通过这5个学员的邀请，你又多出了50个学员……以此类推，你连接的人就会越来越多，你构建的连接力也越来越强。

在混沌大学成立之初，李善友教授一直认为好课是不怕没用户的，所以对于推广并不是特别重视，直到2017年才开始进行市场运营，之前基本都是靠学员口碑推荐，这就是构建连接力带来的现实成效。

第二力：选择力。

有句话说：你接近什么样的人，就会走什么样的路；你靠近谁，就会成为谁。比如牌友会天天拉你去打牌，股友会每天跟你讨论经济形势、股市行情，书友则每天跟你谈古论今……而你到底是靠近牌友、股友还是书友，关键就在于你的选择。就如贝佐斯所说的："决定你是谁的，不是你的天赋，而是你的选择。每个人取得的成就不一样，最重要的是他们在各个节点上的选择是什么。"

我们每个人都处在三个网络之中，即个人网络、组织网络和社会网络。在这三个网络中，你要打造连接力，就不能低估了选择力的影响。因为你选择什么样的职业、选择跟哪些人交往、选择在哪里工作和生活等，都会直接决定你将进入到什么样的社会网络、会与哪些人进行连接、遇到哪些风险或获得哪些收益。当然，风险和收益在大多数情况下是成正比的，如果你既想风险低，又想获益大，那么你就要在自己所选择的网络中努力提高个体价值了，毕竟"打铁还需自身硬"！

第三力：运营力。

不知道你听到过这个段子没有？"进班子没进圈子，不过是班子里的棋子；进圈子没进班子，只能在班子外当头子；进班子又进圈子，在班子里才能有位子。"这个"圈子"其实就是你的社会网络，"位子"就是你的个人价值。

那么，如何在你的"圈子"中坐稳你的"位子"，发挥你的能力和价值呢？这就要考验你的运营力了。

运营力是你在网络社会中的核心竞争力。美国社会学家格兰诺维特曾将社会关系按照强度粗略地分为两类，即强关系和弱关系。其中，强关系就是我们每天联系和接触最多的人，这也是一种稳定且传播范围有限的关系；弱关系就是我们平时联系不那么频繁的关系，比如和"朋友的朋友的朋友……"，这是一种比强关系更为广泛的社会关系。善于平衡这种强弱关系，往往就能体现出你对各种网络关系的运营能力。运营力强，你在连接各种关系时的能力就越强。

第四力：协同力。

协同力也就是你在不同网络之间与他人的协同与合作能力。杰克·韦尔奇在《商业的本质》中曾提到：商业归根到底是一项团队运动，必须依靠团队的力量。一个有战斗力、富有竞争力的组织需要具备协同力和领导力，二者同等重要，且相辅相成。

回归到我们个体身上，作为社会网络中的一个连接点，仅靠自己的力量，单打独斗去做一些事情已经不可能了，你要完成一个任务或实现一个目标，就必须学会打破圈层壁垒，与他人连接协作，共同完成，才能实现双赢。

第五力：影响力。

现在是一个人人打造IP的时代，每一个人都需要打造自己的魅力和影响力，成为自己所在领域的或大或小的有魅力的发光体。这时市场就会依照它的自动筛选机制，一步步地筛选出每个行业领域的超级传播者。

那么，我们如何最大可能地被市场选中，成为自己所在领域中的超级传播者呢？一个有效的方法就是提升你的影响力。

我一般管提升影响力叫培养"网感"。所谓"网感"，是你对网络行为逻辑及思考方式的认知能力。不知道大家有没有注意到一种现象，有些人在现实生活中与人交流总是侃侃而谈，而一到了线上就显得笨拙而僵硬。这种情况其实就是缺乏"网感"。在这样一个你不出门也要连接天下的时代，没有"网感"，将寸步难行。

有"网感"的人是什么样的呢？他们通常见多识广，聊天话题新颖，会侃热点，说话有趣，见解独到，还盛产金句。一句话总结就是：大家都爱听他说话，也喜欢转发他的话，具备强烈的"领导范儿"。这样的人在圈子中往往很受欢迎，也容易建立起自己的影响力，大家也愿意与之连接。

所以说，要想在这个"人人都是自媒体，人人都是IP"

的时代打造你自己的连接力，就必须先磨练好以上的"五力"。只有"五力"崛起了，你的连接力才能越来越强、越来越广，你所获得的也会远超你的想象。

02

构建力：
做价值给予者，而不是价值索取者

　　无论是规划职业生涯还是拓展业务版块，人脉都是帮助你发现和创造机遇的最有效的方法之一。在一段人脉关系当中，什么是最重要的？是你如何去提升自己的个人价值，然后不断为他人创造价值，给予生命中那些重要的人不断实现他们价值的方法。简而言之，你要在自己的人脉关系网络中有给予价值的能力和被他人"利用"的价值，这样才能赢得他人的赞赏和器重，从而提升自己的构建能力，与对方逐渐形成稳固、高效的连接力。

2.1 从战略的角度思考人脉，你要努力成为给予者

我们常说，世界上的财富每一次出现指数级增长，都跟新科技促进人类的连接程度有关。从最早的造纸术、印刷术，到后来的火车、飞机、电话，再到现在的互联网，每一次技术革新都推动着人类一次又一次的财富剧增。因此，这也几乎形成了一个永恒的规律，那就是：连接越多，人类创造的价值就越多。

有人可能会说：我运气好，我的成功就是老天眷顾。我并不这么认为，因为"老天眷顾"和"运气"都超出了我们的可控范围，在这其中必然会有你主观努力所起的作用。

那么，这种主观努力能起到什么作用呢？就是你为自己创造出了更多"老天眷顾"和"运气好"的时刻，提高了成功的概率。这些时刻包括：一些关键性的引荐、你与他人进行的跨界交流、你在跌倒时被人拉了一把、你在迷茫时有人给你指引……这些往往都是暗藏成功的决定性瞬间。而在

这些瞬间中出现的人，就是你的人脉。它是你利用非正式关系提升自己的社会资本，也能够帮你创造更多的机会和运气。

马云就是个非常善于利用人脉的人。15岁那年，马云在西湖边上遇到了前来游玩的澳大利亚工程师肯·莫利一家，当时马云正在练习英语，就主动向这几位老外搭讪，表示愿意做他们的翻译。肯一家对马云的印象很好，回国后，他们之间还一直保持着联络。此后肯·莫利多次造访杭州，马云都热情接待。

在20世纪80年代，中国改革开放的国门刚刚打开，国内还比较封闭，而马云能结识肯一家，并与他们建立联系，所获得的不仅仅是英语水平的提升，更是自己国际视野的拓展。21岁那年，马云应邀到澳大利亚回访，这让他第一次见识到了更大的世界，也让他产生了更远大的梦想。

在今天看来，这就是个穷小子认识了一个发达国家的社会精英，两人结成忘年交的故事。当时这个穷小子身边的人都看不懂他在干什么，原因就在于他的认知和视野提高了，这就是有效人脉给马云带来的价值。

那么，我们怎样才能培养自己的人脉，获得自己所需的价值呢？是不是平时认识更多的人、加更多的微信好友、跟更多的人要名片，有事找他们帮忙就行呢？

当然不是。这些人充其量只能算你的熟人，多数都属于无效人脉。要打造自己的人脉圈，关键在于你要学会从战略角度思考人脉问题。真正高质量的人脉关系，是一种战略伙伴关系。只有成为彼此的战略伙伴，你的人脉才能为你的职业生涯带来真正的助力。而要与别人建立这种关系，你首先要努力让自己成为一个给予者，而不是索取者。

美国作家朱迪·罗宾奈特在《给予者》一书中曾提到，要建立优质的人脉，首先要让自己成为一个价值给予者，而不是价值索取者。"给予者与普通人的区别是在不同人之间建立联系，同时为各方创造最大价值，他们喜欢尽己所能地增加联系人的价值。"与此同时，你也能从对方那里获得更多的资源和机会，彼此形成互助关系，才能为自己带来更多的连接和合作机会。

经济学中有个经典的争论，就是养蜂人和果农之间到底谁应该给谁钱？

果农的观点是：你的蜜蜂在我的果园中采蜜，你卖这些蜂蜜后获了利，那我就相当于你的上游供应商，你肯定要给我钱！

养蜂人的观点是：如果我的蜜蜂不在你的果园里采蜜，你果园里的果树开出来的就是空花，根本结不了果，所以我才是你的供应商，你该给我钱！

谁的观点更有力呢？公说公有理，婆说婆有理，但显然双方都站在了自己的角度看问题，结果也令自己的格局限制在无尽的竞争之中，却没有领会到大自然这样的设计其实是一种互惠互利的协作系统。如果你只从关系网中截取不利于自己的那一段来看，肯定会觉得自己吃了亏，利益受到了损害。但若放大格局，从整个自然系统来看，摆在果农和养蜂人面前的恰恰是无尽的财富增量。果农与养蜂人只有都将自己放在一个给予者的位置上，与对方去构建连接，共同将"蛋糕"做大，彼此获利才会更多。

在竞争激烈的网络社会里，同样既存在着资源存量，又存在着资源增量，而竞争是在资源存量固定不变的情况下，各个节点之间争夺存量的关系。从个体角度来看，这个关系就像果农和养蜂人一样，看到的往往都是自己在给予而别人在索取；但从整个战略网络来说，其实每个人都既是网络的给予者，同时又都是网络的索取者。只有找准自己的位置，平衡好利己与利他的关系，才能主动与他人构建关系，共同达成目标。

比如说苹果公司，它在研发和创新能力方面非常强大，但在制造能力方面却远不如富士康，所以就索性把制造业务外包给富士康。这样一来，苹果公司就能集中精力加强自己在创新方面的优势，然后从依靠强大研发能力和创新能力带来的利益中拿出一部分给合作者。双方都抱着给予和利他之心，互相协同，最终形成了共存。

那么，我们怎样才能与外界构建有效的连接呢？

一般来说，对外连接有两种形态：一种是因为相同而在一起的圈子，大家通常都有共同的话题、共同的行为模式，因此也愿意为了相近的目标去强化和放大各自具备的能量；另一种是因为不同而彼此融合的圈子，大家可能没什么共同话题和共同行为，但为了拓展信息来源，彼此会构建新的认知和新的目标，由于不同而互补，产生合力，继而产生新的单一个体所不具备的能量。

但是，不管是哪些形态的连接，我认为要与他人构建有效连接，都要注意以下两个问题：

第一，构建连接的基础是彼此信任和互相成就。

社会网络不是靠"搭建"出来的，而是通过赢得他人的信任和彼此成就获得的。这点不难理解，要与对方构建连接力，如果双方互相不信任，就不可能成功。关于信任，我给大家提供一个公式：

$$信任 = \frac{可信度 \times 可靠度 \times 亲近度}{自我中心}$$

通过这个公式可以看出，你的可信度（专业表现力）、可靠度（靠谱程度）和对人的亲近度（亲和力）越高，你越乐于给予、利他，你的信任度就越高，别人就越信任你。相反，你时刻想着自己，只想从别人身上捞便宜、讨好处，自己什么都不想付出，那谁会信任你呢？这时你的信任度肯定就低，别人也不愿意跟你合作。

在当下这个飞速发展的网络社会，信任和利他之心其实是合作机制下进化出来的抱团本能。几年前，我曾带领团队引进出版了Linkdin创始人里德·霍夫曼的作品，这部作品的中文名字叫《至关重要的关系》。Linkdin这家公司其实就是以连接而制胜的公司，其价值观就是"利他"，目的是为了让用户在商业交往中认识并信任联系人，继而构建连接关系，形成有效人脉。通过成就他人，Linkdin也成就了自己，成为全球最具价值的品牌之一。

第二，抓住一切机会，向他人传递你的价值。

生活中经常有这样一些人，他们整天都想着如何去认识各路大咖，目的是构建自己的人脉。其实这样并不能帮你建立有效的人脉，因为网络中的关系是双向的、互惠的，不是你一厢情愿就可以的。只有你能为别人创造价值、带来价值，别人才愿意与你合作，彼此构建互惠互利的连接关系。

所以，我们要抓住生活中的一切机会，向他人传递自己的价值。当然，在这个过程中，我们必须先了解对方的需求，为他们提供你拥有的、而对方又想要的东西，赢得对方的好感，就像一句俗语说的那样："你要想钓到鱼，就要学会像鱼那样思考。"

比如，近两年的自媒体出书越来越流行，早前就有几个知名的公众号大V纷纷出版了自己的书籍，如"六神磊磊""新世相""我走路带风"等，然后在线下举行书籍签售会，现场异常火爆。如果你是一位出版社的策划编辑，那么这无疑就是一种很好的对外连接渠道，你可以通过与这些公号大V构建连接，为他们策划一些出版作品来实现合作。在这个过程中，如果对方的作品质量过硬，而你这方策划宣传也做得很好，那么无疑双方都会从中受益。

总之，一个人要想成功，背后一定会有一个网络。表面上，你看到的只是他在企业内部升迁，在行业内部发展，其实他背后有一整个网络，支撑他一步步走向成功。企业同样如此，表面上，它有产品、有员工，其实内部有无数网络构建了它与外部、与市场的连接力，如资本、技术、供应商、客户等。当一家企业能连接起更多的人、更多的企业，并为它们提供价值时，这个企业才能从成功逐渐走向卓越。

2.2 我是谁？我能提供什么？我需要什么？

一张庞大的社交网络，可以为我们提供许多拓展人脉、获取信息和资源的机会。现在社会上流行一句话，一个真正的成功者就是当你走进一个人的家里，你的智能手机自动连接上对方的wi-fi。为什么？因为你们彼此都处于对方的人脉网络之中，你们彼此也是对方的人脉。就像《给予者》一书中所言："人脉网络连接着公司、职业、行业和社区。""高价值战略关系的建立，可以帮助最普通的人成为社会精英。"

但是，人脉网络的构建和连接不是一朝一夕就能完成的，不是说我今天认识了你，那你就是我的人脉，或者我就是你的人脉。最理想的人脉关系应该是双方都能够给予和付出，而不是只有一方能给予和付出，另一方却完全不能在这种关系中提供任何价值，这种不对等的关系很难形成人脉和有效连接。

在这种情况下，你就要弄清自己在一段关系中的定位，让自己能在人脉连接的链条上占据一席之地，最好能有被他人"利用"的价值，成为价值的给予者。我们常说，在人脉关系中别怕被人利用，就怕你没用。这就像买股票一样，人们都愿意买绩优股，因为绩优股才能让他们赢利，给他们带来收益。谁会傻到去买垃圾股票呢？

要做到这点，你就要弄清三个问题："我是谁？我能提供什么？我需要什么？"当你把这三个问题清晰地回答出来的时候，我想你的个人价值、你能为他人提供的价值也就能一目了然了。

下面我分别阐述一下：

第一，"我是谁"。

著名概念建模创始人温斯顿·佩雷斯曾说："想要让人脉网络出色工作，最重要的就是了解你自己。"

在这个问题上，我们首先要客观地评估自己作为给予者的价值。如果你担心自己评估不足，那你不妨问自己以下几个问题：

"这家公司聘用我而不是聘用别人，是因为我有哪些优势？"

"老板提拔我，而没有提拔他，是因为我哪些地方更出色？"

"对方愿意跟我合作，而不是跟别人，是因为我能为他提供什么价值？"

"比起其他人，我怎样才能成为唯一的、最合适的那个人？"

"我有什么非同一般的才能，或者有什么罕见的可贵之处？"

……

归结起来，"我是谁"其实就是你与生俱来的人格个性、兴趣热情、天赋能力以及价值所在，这些都是你的内在核心资源。

那么，我们应该怎样评估自己的价值呢？我建议你通过一个类似简历的列表来列举出自己曾经的个人成就、专业成就、工作经历和经验等，由此来体现你的技能和长处。比如：

我毕业于×××，我的专业是×××

在校期间，我曾获得××证书、我是××比赛的冠军、我是××评选的第几名

我曾在××公司（或专业组织）获得了××职位或××

奖项

我曾在××社区组织过××活动，并获得了××成就……

千万别小看你曾经的这些成绩，哪怕已经是很久以前的事了，因为这些团体、组织、行业、社区恰恰就是你过去人脉的重要来源。通过这些人脉圈，你也可以充分地评估出自己的爱好、技能和优势。并且通过这样的评估，你也能弄清自己未来可以加入到哪些人脉圈当中，会与哪些人之间构建连接。

第二，"我能提供什么"。

很多人在工作或创业过程中都会遇到一个难题，就是一旦陷入困境，不知该找谁帮忙。即使知道找谁帮忙，对方也可能拒绝，为此这些人抱怨连连："为什么就没人能帮我一把呢？"

面临困境时，本该是你的人脉派上用场的时候，结果很遗憾，你发现自己没有人脉可用，问题到底出在哪里？

问题就出在你没有在自己连接的人脉网络中体现出自己的价值和优势，或者说大家不知道你能给予他们什么、能为他们带来什么价值。永远别忘了：只有当别人认为你有用，你能够为他们提供价值时，你才能与他人构建有效的连接。

我有一位做证券投资工作的朋友，堪称是将个人人脉发挥到极致的典范。一开始，他是一家投资公司的副总，后来成为另一家公司的财务顾问，接着又担任了五家分公司的董事，现在身价已上亿。

他是怎么做到的呢？有一次我向他请教，他是这么回答的："我能获得现在的成绩并不奇怪，因为我的人脉网络遍及各个领域，甚至数也数不清。很多时候，我一通电话就能抵上十份研究报告。"

事实就是如此。我在一些培训课程中也经常讲"价值"在人脉网络中的重要性，有的学员就很不解："人脉拓展就要以价值为依据吗？难道我们还要拿着利益的尺子去丈量每个人对自己的价值吗？"

有这种想法的人应该很多吧？你首先应弄清楚一个问题，就是价值首先是针对自己的，更贴切的说法是你的"被利用价值"。当你想要对自己的人脉网络做点什么之前，你就要认真地问问自己：对于别人来说，我是个有价值的人吗？如果你的回答是肯定的，那么恭喜你，你具备了构建连接力的资本。

这其实不难理解。如果大家看过王宝强主演的《hello！

树先生》，应该对其中王宝强扮演的"树哥"印象深刻。在周围人眼里，树就是个毫无价值、毫无存在感的人，大家都看不起他。其中有一幕我印象很深刻，树的几个同学一起吃饭，顺便拉上了他，饭桌上大家都拿他逗乐儿。这时树的朋友，也是他唯一的朋友小庄，撞坏了跟树一起吃饭的同学二猪的车，二猪让小庄赔钱，树出面调解，想让二猪看在自己面子上算了，结果根本没人理他。明明都是同学，为什么要这样对他呢？就因为大家觉得他是个没能力、没价值的人。在这种情况下，自然也没人愿意连接他、给他面子了。

所以说，你想连接他人，或被他人连接，就必须让自身具有一定的资本。这些资本可能是你的专业技能、你的职业优势或是你的某些兴趣爱好，它们就是你的价值点。你只有在某些领域内比其他人做得更好、更突出，才能在该领域中形成自己的核心价值，继而为他人提供价值，这时你在对方眼中才有了交换价值，你也才有可能进入别人的网络当中，与他们构建连接。

"罗辑思维"创始人罗振宇曾提出一个新名词，叫做"即插即用"。什么意思呢？就是说人才要像U盘一样，随便插在哪个电脑上都能发挥效用。如果你能做到这一点，那么它一定能成为你与他人建立连接的有力武器。而且从能力的多维度竞争来看，越是不靠某项能力为生时，你就越要为自己增加几项这样的能力。比如，你是个工程师，你还精通投资；你是个产品经理，你还是个优秀的设计师；你是个医生，你同时还是销售达人……这样组合起来，每一种能力的叠加都会使你的核心价值增值，这时你的对外连接才更有意义。

第三，"我需要什么"。

没有一个人是万能的，总有自己不擅长或不知道的事，比如缺乏某些技能、知识，或者某些能力不足等，这时我们应该怎么办？

这些其实就是你的缺点和不足，需要你不断改进或通过学习不断增进，从而将自己的劣势提升为优势，在人脉网络中站稳脚跟。

具体来说，我认为解决的方法有三种：

首先，通过主动学习去了解、掌握。比如以前我对线上课程推广是完全陌生的，一脚迈进来后怎么办？难道再退回去吗？也不是不行，但我不想这么做，那就只能从头学起，把自己不了解、不擅长的知识学会、掌握，直至擅长，最后发展成为自己的比较优势，成为圈子中的佼佼者。

其次，如果你来不及学习，或实在不感兴趣，但这部分知识或技能又非常重要，那么你也可以通过交换战略来完成。

比如你要为公司的新项目制订一份海外营销计划，但你对营销成本的核算问题不擅长，那么你可以聘请相关专家来帮你完成。这就是一种交换战略。

还有一种方法，就是直接通过关系或人脉寻找他人帮助。比如你想当网红，但不知道怎么才能把自己打造成网红，这时你发现自己的一个熟人正好在这方面很擅长，你就可以联系他。而他在评估你的能力和价值后，发现你有当网红的潜力，成功合作后还能为他带来一定的收益，那你们之间也就建立起了稳固的关系基础。

通过以上这三点，我想你应该能明确自己的能力、价值与不足了吧，也应该清楚自己有哪些长处，同时还需要在哪些方面进行改进和提升。而当你完全弄清了"我是谁""我能提供什么"和"我需要什么"三个问题后，你也就可以在社交网络中找到自我价值的精准定位了。

2.3 安泰效应：认清你的主角光环，千万别盲目自大

有人说，真相只有在你离开后才会呈现。这句话在职场朋友的身上体现得最多。

举个例子，我的一位朋友在公司里是个很厉害的角色，非常有能力。公司的各方面业务他都能指点一二，老板对他的能力也很认可。

但上个月他给我发来微信说，自己工作不太顺利，我就问他原因。他沮丧地说，本来公司的项目都是他带领同事们一起完成的，可他发现那些同事总是出现各种状况，还时不时地找借口为自己开脱。他看不惯，于是就自己大包大揽了，尽量不跟同事一起工作。

最初的工作还算顺利，可时间一长，他发现失去同事们的帮助，很多工作自己还是不能顺利进行，最后项目烂在了自己手上。老板很生气，开始找各种借口批评他，他也很窝火：明明我能力很出色啊，我一直都很优秀啊，为什么事情

发展到最后变成这样了呢？

很多人身上可能都会出现类似的问题：我能力很强，可为什么工作不能顺利进行呢？我明明是原来公司里的主角啊，为什么跳槽后就处处碰壁呢？

我觉得这种情况可以用心理学的一个概念来解释，就是"安泰效应"。大家应该听过这个故事：相传古希腊有个大力士，名叫安泰，他天生神力，战无不胜。但这个强人却有个致命弱点，就是不能离开大地。一旦离开大地，他所有的神力就全部变成了零。后来他的对手发现了他的这个弱点后，就千方百计引诱他离开大地，然后直接在空中把他KO掉了。后来，人们就把这种一旦脱离相应条件就失去某种能力的现象称为"安泰效应"。

我朋友的遭遇其实就是"安泰效应"的一个反映。在他看来，同事们能力一般，甚至在工作中只会拖后腿，根本没法跟自己比，所以他就想单独完成项目。但后来却发现，离开了同事们的帮助，自己的能力根本无法发挥。

为什么会这样？其实道理很简单。哪怕一个人再有能力，如果失去了对外连接，失去了团队合作，也不能取得成就。在这个强调平台思维的时代，你的公司、你的同事、你的业务伙伴，其实都是你的连接平台，一旦失去了这些平台的支持，你的个人能力不但得不到相应的加持，还可能会减弱。就像安泰一样，离开了"大地"，他的能力一下子就失去了连接，能力值就会直线下降。

所以，一个人想要具备某种超能力，一定是需要连接上相应条件的。它可以是任何你能看见的或看不见的资源，比如说你的平台很大，或者你有好的同事基础、优质的业务伙伴……这些都是你的相应条件，有了这些条件加持，你的个人价值才能得到广泛传播。这就像一部新剧上映前要推广一样，你想让你的新剧在没上映前就成为热点，那就可以借助于微博、微信等新媒体平台来打广告。在这个新媒体时代，人们要讨论或传播一件事都会在这些平台上进行，平台会把这件事形成一个热点，甚至是爆点。

同样一个歌手，如果他在地铁里卖唱，每天可能会赚几百块钱；如果把他放在抖音上，他的粉丝流量就可能达到上万+，而在这个粉丝经济的时代，粉丝流量一旦变现，其价值是超乎想象的。这时如果再经过经纪公司的宣传与包装，那么他的价值就会呈指数级增长。这就是平台的力量。

当然，我这样说并不是否定个人的努力因素，你仍然是主角"1"，没有"1"，一切都是白费。平台是什么？平台就是"1"后面的"0"，每多一个，你的价值就呈指数级增长；

而如果没有这个"0"，你的价值就只有"1"。1元钱的价值当然远不及100元、1000元更有诱惑力！

因此，我认为一个人的价值可分为两个方面来衡量，一方面是你的个人能力，另一方面就是平台赋予你的能力。比如从BAT这种巨头企业里走出来的人，不管工作多久、资历多深，跳槽到其他公司都能自带主角光环，深受重用。所以你现在应该知道，为什么很多人不管在大公司加班有多累，都愿意去镀金的原因了吧。

可是，现实生活中总有一部分人，傻傻地分不清自己的主角光环到底是谁给的，甚至认为：就是因为我本身能力超群，我就是公司里的主角！结果怎样呢？一旦离开平台，光环褪去，恐怕就没那么多人愿意主动来连接你了。管理学家陈春花曾提出一个"共生型组织"的概念，意思是说，在今天这样一个协同共生的时代，没有任何一个人能够独立完成所有事情，必须构建一个有价值的网络才行。而且在构建这个网络时，你还必须与别人形成一种共生关系。如果事事以自己为中心，你在评估自我价值与能力时就会脱离动态评估与权衡连接，其后果你可能根本无法承受。因为没人愿意跟你连接了，你无法构建有效的价值网络，你要做的事、要完成的目标肯定就完不成了。

所以，现在有很多高管离职创业遇到困难，想找原来的"老朋友"帮忙时就发现很难，为什么？因为此时你在原来平台中的主角光环已经褪去，想寻求帮助，你就必须拿出自己现在的能力、价值重新构建连接力才行。否则，任何人都寸步难行。

认清这些问题后就应该知道，不管你今后是自己创业，还是跳槽去其他公司，都应该先评估一下自己的价值再做决定，至少你要弄清下面三个问题：

第一，你要分清：别人愿意与你连接，是因为你而连接你，还是因为你曾经所在平台的位置赋予你的能量而连接你？

第二，你要分清：你离开现有的位置后，是否还具备这种能量？如果不具备这种能量，那么对你的影响有多大？

第三，你要知道：你新获得的位置带来的连接优势和价值，能否马上抵消这种位置切换的负面损耗？如果不能，你将如何面对？

如果这些问题你没考虑清楚，那么最好谨慎行事。毕竟每个人都是单独的个体，离开平台剩下的才是你的能力。你只有在做自我能力与价值评估时学会权重分离，才能客观看待自己的选择，正如一句话所说："崇拜一个人，崇拜的应该是他的思想，而不是他的人本身。"

2.4　所谓自我定位就是找到自己的比较优势

　　如果我问你："什么是职业发展？"你的答案是什么？是升职、加薪，还是个人能力和实力的提升？

　　要我来定义的话，我认为职业发展就是实现你与外部环境、资源之间更好的连接过程。简单来说，职业发展无非就是怎样更好地实现你的个人能力和价值与市场需求的连接与整合，以及通过你个人能力的提升，去创造更多的连接和整合机会。没有人是无所不能的，想要获得更好的发展机会，就必须连接、整合更多的资源为己所用。

　　在运营工作中，运营工作者面对一个产品时，首先就要为产品定位。那么你面对的产品是什么呢？就是你自己。作为社会中的人类产品，你想在自己的社会网络圈子中立足，首先就要找到自己的比较优势。

　　什么是比较优势？我的观点就是：在一个领域内，你的某个优势比别人更突出，别人做不成的事你能做成，那么你就具有了别人不具备的比较优势。

我们公司合作过一位IP老师，叫J小姐。她毕业于意大利佛罗伦萨大学建筑系。在与她合作之前，我就发现她的教育背景使得她在微信上撰写美妆、穿搭相关的文章时，结构感非常好，体系性也很棒，在众多同样讲变美的IP老师里，她的优势就比较明显——强结构感和体系性。所以我们在为她打造《科学变美16课：重新定义你的美》这个课程时就告诉她，让她将自己的这一优势放入自己的课程体系中去，并且不断深化和突出。她自己也很快发明了具有个人特色的"气质九宫格"理论，这个课上市后不久就获得了市场验证，卖得非常好。

这说明什么？只要你发挥了自己的比较优势，就可能在某个领域成为佼佼者，你在自己人脉网络中的位置也会越来越重要。

那么，我们为什么要如此重视自我定位呢？

在运营领域有个特别经典的定位理论，就是说：如果你想让一个产品的品牌对消费者产生影响，你就要使产品在目标客户心中占据一个真正有价值的地位。

我们的个人定位也是一样，如果你想在自己的人脉网络中占据有价值的地位，与更多的人构建连接力，就必须知道自己的比较优势在哪里、自己该站在哪个位置上，能为他人提供什么样的价值。也就是能掂量出自己几斤几两、干什么能比别人干得好。

我有个朋友在抖音上卖服装，目前有400多万的粉丝，而且她是在四五个月的时间就达到了这个粉丝量，相当于每个月增长100万左右的粉丝。她是怎么做到的呢？

我问她："现在线上卖服装的那么多，你为什么还去凑热闹呢？不怕自己做不起来吗？"

她说："因为卖其他东西的竞争对手更多，而做服装更符合我的优势。"

我又就问她为什么不做美妆呢？她就给我举了个例子，说："李佳琦现在做得很成功，大家一说到美妆马上就会想到卖口红的李佳琦。其实在这个领域做得厉害的博主还有很多，我很难再挤进去。相比较美妆，抖音上卖服装，竞争还没那么激烈。而且，首先我自己热爱服装行业，其次我有这方面的积累。上个月，我们还找到了国内非常好的一家供应商合作，保证货物供应链。要知道，当卖货量大的时候，服装的供应可是非常重要的事。我现在的带货量大，一般的供应商根本没法及时、保质、保量地保障单品的供应。我发挥了自己的优势，也利用了自己的优势，这样更容易成事。"

最后她还跟我说了一段让我印象特别深刻的话："一定要找到最专业的合作伙伴，让专业的人做专业的事，我把我的优势发挥出来，对方把他的优势发挥出来，1+1才能大于2。"

其实不管是在互联网竞争中，还是在你构建的人脉网络中，专业化优势要求都越来越高。在这种情况下，你更需要进行自我定位，让自己在专业上、在毫厘之间比别人做得更优秀，那你才有可能脱颖而出，成为你人脉网络中最有价值的连接点。

我大胆地做了一个预测：未来各行各业的销售人员，90%都会下岗，被专家型的IP化顾问销售逼下岗。所以，我们公司的在线职业培训产品，包括职业精英研修班、管理班、职业咨询师认证班、IP训练营，以及一对一职业咨询等，采取的都是专家型的IP化招生。我们在进行IP化招生的过程中，不仅要挖掘出有真才实学的老师，还要发掘出他们的比较优势，将他们打造成为行业内具有各自特色的、真正的大咖。因为不管是对于个人来说，还是对于我们所在的整个行业来说，我们工作、奋斗的最终价值是什么？就是做到足够优秀、足够专业，与全世界最聪明的大脑去构建连接，吸取他们的思想精华，然后将最好的观念、思想传播给大众。为此，我一直都坚持一个核心理念——"做好基于大众的专业化定位！"好的内容策划人，最重要的就是帮助各领域的专业老师们构建自己以及自己产品的大众定位。只有做好基于大众的专业定位，我们才能更好地做到发掘价值和传播价值，实现与大众思维的高质量连接。

事实上，这也恰恰是未来的职业趋势。在未来，不管你做什么，都必须向专家顾问的级别努力，不管是卖化妆品、卖服装，还是卖鞋子、卖房子，都需要凸显出自己的价值。也就是说，未来将是一个一切职业都趋向专业化的时代，你越专业、越凸显自我价值，就越有自己的比较优势，那么与你构建连接的人脉也会越多。

那问题来了，我们当下要怎样进行自我定位，找到自己的比较优势呢？

我认为你可以从以下几方面入手：

第一，做好自我分析。

你有哪些长处和优势、短处和劣势，这些你都要心知肚明。在美国旧金山湾区的101国道上竖立着一块广告牌，上面写着："100万海外人士都能胜任你的工作，你有什么特别之处？"

这个"特别之处"就是你的比较优势。你只有找出自己的"特别之处"，才能知道自己要干什么、会什么、能什么、该什么。

第二，设立长期目标。

在自己最擅长和感兴趣的领域设定一个长期目标，并且一定要有耐性，持续地在这个领域中坚持下去。也就是明确你要在哪个领域中建立个人品牌，打造个人IP，与哪些人建立连接关系。

我们出版行业中有很多编辑，一开始在出版行业做得都不错，但一段时间后，大家说电子书时代来了，于是他们跑去做电子书；又过一段时间，影视行业火了，他们又去做影视；等知识付费火了，他们又去做知识付费……结果，虽然出来工作十多年，他们仍然没有找好自己的定位，也没能形成自己稳固的人脉网络。但那些一直在出版行业里坚持的人，特别是做得好的顶级策划人，不仅拿到了上百万年薪，还形成了非常稳固的人脉网络和个人价值。

这也是我为什么强调自我定位的重要性。在互联网上，当你有一个想法的时候，可能同时还有几百个人想到，谁能做成呢？不一定是最先想到的那个人，但很可能是拥有超强人脉，并能一直坚持做下去的那个人。

第三，拆分你的长期目标。

如果你每天只盯着那个长期目标，可能无从下手，不知道自己当下该干什么，那不妨就从终极目标中拆分出一个个小目标，同时罗列出你实现这些小目标时所需的资源和能力，然后再一个个地搞定你拆分出来的这些目标。

同时，在阶段性目标执行的过程中，你还要反复将阶段性目标与终极目标进行对照，检验自己的定位，时刻修正和调整，让自己时刻保持在一个最佳的位置上发挥自己的优势。

总之我们要明白：要构建连接力，不把自己定位清楚，不找出自己的比较优势，凭什么别人会选择你、相信你、连接你呢？有句话说得好，人们往往会高估你一年之内取得的成就，却会低估你坚持十年之后创造的可能性。你选定一个定位后，坚持一直在这个点上深耕，就一定能做出成就。比如我自己，我能够成为专业的内容策划人，就因为我在这个行业中已经干了十几年，我的比较优势就在于我比其他人具有更专业的水平来进行出版内容策划。在这个维度上，我在社会网络中所能提供的价值就比其他人更专业，我的人脉关系、我的连接力自然也会更强。当你自己的价值足够高时，你可以很傲娇地说："我就是人脉！"

2.5 5+50+100：个人网络模型的自我梳理

大家都明白这样一个道理：你选择什么类型的朋友，就会决定你最终将变成什么类型的人，正所谓"物以类聚，人以群分"。你想连接更多有价值的人，打造优质的社会网络，首先就要让自己成为一个价值提供者，而不是一个索取者。但对于价值提供者来说，要为他人提供最大的价值，自己必须先具备一定的能量和相应的价值，也就是我们常说的"打铁还需自身硬"，这样你才能帮助他人获得他们想要的资源；与此同时，你也能收获到他人为你提供的资源。

人脉往往都是互动经营的，需要与被需要是一种双向互动的关系，人与人之间的合作也必须是一个彼此互惠、共赢的过程。

我认识一位青年演员，不但外表英俊，还颇有表演天赋，但就是没公司捧他。他想自己成立公司又没钱，所以一直红不起来。

一次偶然的机会，他在朋友的聚会上结识了一位曾就职于某大型公关公司、现在刚刚成立了自己公关公司的女士。这位女士行业经验很丰富，不仅业务熟练，更重要的是人脉很广。但由于她的公司刚成立，一些比较出名的演艺人员觉得她这里的"庙"太小，不愿跟她合作。

两人一拍即合，这位青年演员签约到了这位女士的公司，成为她公司力捧的艺人。现在这个演员已经慢慢走红了，他所在的公关公司也在圈里渐渐有了名气，签了好几个颇具名气的艺人。

这就是人脉关系带来的资源和成功。看似偶然中获得的机会，其实恰恰是必然的结果。你有个人价值、有一定的社会网络、人脉圈，就有机会与更多有价值的人建立连接，继而找到更多的发展机会。

那是不是说明我们的社会网络越大、认识的人越多就越有利呢？

我认为，人脉在精而不在广。当然人脉关系广也不是坏处，但人脉的质量要远比数量更重要。我在读《给予者》一书中，对于作者朱迪·罗宾奈特提出的"规划战略性人脉时，必须先了解对方是谁，而不是他已经完成了什么"的观点非常认可。简而言之就是，你要先有眼光确定你想与谁建立连接，他们必须具备哪些优秀的特征，比如正直、诚实等，并且还有自己优秀的人脉，这与孔子所说的"友直、友谅、友多闻，益矣"的想法是一致的。

当你在自己的社会网络中找到具备以上特征的人后，就可以组建自己的人际关系网了。罗宾奈特认为，你要构建自己的人脉关系网，就要梳理出一个"强关系人脉圈"，即"5+50+100"的个人关系网络模型。这个人脉圈是按照亲疏远近的逻辑关系梳理出来的，我在前文也提过，具体来说就是：

第一，5个顶级关系人，即"top5"，也就是平时与你关系最近的5个人，你几乎每天都要跟他们联系，并且能毫无保留地相信他们，这其中可能是你的父母、爱人、至交好友等；

第二，50个关键关系人，即"key50"，他们通常是你在生活和工作中需要经常联系的人，代表着你的"生活和商业价值"；

第三，100个重要关系人，即"vital100"，你每个月至少要与这些人联系一次，并且"凭借有人情味的沟通和不断提供附加价值与他们保持良好的关系"，比如你在某次聚会上结交的朋友，很可能未来就会为你提供重要的帮助，这些就属于你的重要关系人。

那么是不是按照以上的方法梳理出自己的"强关系人脉圈"之后，这个人脉圈就能完全为我所用呢？

当然不是，构建了自己的人脉关系网后，还要学会维护它、深耕它，而最佳的维护和深耕方法就是两个字："给予。"就像老子《道德经》中说的那样："将欲取之，必固与之。"用比较实在的话来说就是：世间最容易欠而又最难偿的就是人情债，如果你能成为关系网中最强大的给予者，那你也就成了最大的债主。当别人能够并愿意欠你人情时，你也就拥有了牢不可破的人脉关系网。

所以，在你梳理出自己的强关系人脉圈后，还要认真考虑以下几个问题：

一、对于5个顶级关系人的50个关键关系人，我能为他们提供什么价值？

这5个顶级关系人和5个关键关系人其实就是你的高价值战略型人脉。很多人认为人脉圈子就是我能从中获得什么，这是个很大的误区，真正的人脉圈子或社会网络从来就不是我能从中获得什么，而是我能给大家带来什么服务、创造什么价值。就像我比较喜欢的那句话"将欲取之，必先予之"一样，在这个过程中，你能成为别人的"贵人"，进而连接更多的有效人脉。

有些人总想走捷径，遇到问题就找别人帮忙搞定，别人有麻烦时又躲得远远的，谁会与这样的人长久结交呢？其结果就是人脉圈越走越窄，最后陷入死胡同。

我有一个老同事，初入公司时，老板挺重视他，给了他一个相当不错的职位。不过他有个问题，就是只扫自己门前雪，不管他人瓦上霜。于他而言，做好自己分内之事就可以了，分外之事一点儿不参与。如果别人来找他帮忙，他也会以"我不会，我不行"为借口推脱掉。

结果几年后，公司规模越来越大，员工人数从几十人到几百人，而他的职位却越来越低，甚至连他亲自招聘的下属都成了他的领导。

这其实就是因为他不会建立自己的人脉圈，从本质上来说，就是一种思维的自我设限。所以在梳理好自己的个人网络模型后，你首先考虑的应该是：

我为"top5"和"key50"提供过什么价值，帮他们解决了什么问题？

他们的刚需是什么，我能否满足？

我怎么做，才能让对方更多地获得我的价值？

我要作出哪些努力，才能让我的价值持续更长时间？

……

人脉圈和社会网络的关键就在于个人价值的增加或提升，

你的能力提升了，价值就随之提升了，这样你才有机会接触到任何自己想要靠近的顶尖人士。

二、对于100个重要关系人，我如何与他们保持良性沟通，并不断提供附加价值？

人脉原本就来自不同的阶层，有的阶层比你低，有的阶层比你高，有的阶层和你同级，有向上的、向下的、向左的、向右的，这样你连接的才是更加立体的世界。

所以，除了"top5"和"key50"之外，"vital100"也是非常重要的关系。当你与他们建立连接后，尽可能保持每个月一次的联系频率，并经常评估自己和他们的关系，如：

我们的关系运转正常吗？

我要怎样主动与他们建立联系呢？

我能邀请他们参加某些活动、某些会议吗？这对于我们的关系是否有改进？

我怎么加入到他们的活动当中，怎么才能深耕我们的关系呢？

……

千万别小瞧了这"vital100"，别忘了，他们也各自拥有强关系人脉网络。你与他们之间保持着弱联系，同样有机会接触到之前你无法接触的资源。

总之，在这"5+50+100"的强关系个人网络模型中，你自己就是中心，因此你必须学会高效地管理这些人脉，努力为他人提供价值，或者增加他们的价值。这种基于慷慨构建起来的高质量的连接，才能让你接触到更多优秀的人，获得更多人的帮助。

03

选择力：决定你是谁的，
不是你的天赋，而是你的选择

　　亚马逊创始人杰夫·贝佐斯曾说："决定你是谁的，不是你的天赋，而是你的选择。每个人取得的成就都不一样，最重要的是他们在各个节点上的选择是什么。"我们其实可以展望一下，在未来，你的能力和价值不再取决于你自己能做到什么，而是取决于你和你背后能连接的人脉作为一个整体可以调动资源的能力。所以，不论是择业还是创业，抑或是选择在哪个城市生活，你的选择都将对你的未来起着决定性的作用。选择对了，你连接的资源就越丰富，你未来的价值就越高。

3.1 多源触点，为构建连接力创造可能性

过去我们一直说，市场经济存在着一只"看不见的手"，而现在这只"看不见的手"已经在互联网的推动下变得越来越强大有力了。越来越多的人会在共享平台分享着自己的资源（如产品、经验、观点等），然后大家一起学习，一起分享经验，一起实现互利共赢。此时，人与人之间、企业与企业之间的边界就变得越来越模糊，无论是个体还是组织，价值变现效率也越来越高。

拿阿里巴巴来说，最初它只是个简单的 B2B 平台，但最后马云却将它打造成了一个超级大平台。在这个平台上，无数的中小网商和消费者连接到一起，让"天下没有难做的生意"变成了现实。

再比如美团，作为一个快速崛起的独角兽企业，它既没有一家自己的饭店，也没有一家自己的酒店，但它却连接了无数的饭店、酒店资源，从而使自己成为国内最大的服务业

电子商务平台之一。

回到我们个人身上，过去那种单打独斗的状态也早已经一去不复返了。你再想用以前那种"我一个人就能打天下"的思想在社会上立足，我劝你趁早回头。

我身边有很多朋友都会在闲暇时玩《王者荣耀》这个游戏。他们跟我说，那里面有大招频出的李白、打野英雄韩信、高爆发潜能的妲己……这些人虽然是《王者荣耀》里个人英雄主义的代表，但一遇到团战，他们立马就变成了弱不禁风的"脆皮"。

职业发展也是一样的道理，我们都想有好的发展，但谁都不可能样样精通，俗话说"一个好汉三个帮"，你必须通过建立人脉网络关系来实现互助。而要构建有效的、高质量的人脉关系，你又必须能够连接上网络中的各个触点，并善于作出正确的选择。

比如Facebook的首席运营官雪莉·桑德伯格，最初她想进入世界银行工作，在印度帮助弱势群体。两年后她改变主意，考入哈佛商学院，并获得了MBA学位，毕业后进入麦肯锡工作。然而一年后，她意识到这条道路不太适合自己，转而又去了华盛顿，成为美国当时的财政部长拉里·萨默斯的首席幕僚。随后她又获得了去Google公司工作的机会，并在 Google 公司工作了 6 年，直到被马克·扎克伯格邀请到 Facebook 担任首席运营官。

桑德伯格的经历就验证了选择与合作的重要性，她既在不断选择，又在不断连接、不断增加自己的价值，最终获得了扎克伯格的青睐。

当然，要真正建立起丰富多样的人脉网络也不是件容易的事，你不但要走出个人和专业的舒适区，主动进入到不同的环境中，纳入更加多样的选择性，还要积极去拓展那些跟你不同年龄、不同经验、不同专业、不同文化或者来自不同区域的人脉，多角度、多渠道地去连接触点。通过他们，你才可能构建更深远、更有力的连接力。

要实现这个目标，我们在平时就要尽量向更多的渠道连接。事实上，如果你的人脉圈太狭窄，那就很可能存在巨大的"盲点"和一些不确定的假设。因为单一的职业分布与单一的认识渠道会呈现出过度的同质性，很难构建高质量的人脉网络。

所以，我们要通过各种渠道获得更多的连接触点，增加自己人脉网的广度和深度。除了与自己行业、领域之内的人，以及"情投意合"的人连接外，我建议你在以下两方面也要多努力：

第一，选择与自己专业之外的行家接触。

有些人觉得自己在某个领域是行家，与同行交流会很有优越感。而遇到不是同行的，自己的优越感体现不出来，所以就不想接触。

这种想法太狭隘。有句话说得好，"山外有山，人外有人"，走出你的学术领域、专业区域去寻求新的关系，选择跟专业之外的行家接触，才能真正拓宽你的视野。更重要的是，这可以让你接触到更丰富的资源连接点，从而为构建连接力创造可能。这也是为什么我一直强调我们视野要广、格局要高、思维要动态的原因所在。

这个其实不难理解。可以试想一下，当你在工作上遇到困难时，你所在行业之内的朋友可能会为你提供直接的帮助，而那些行业之外的朋友却很可能会为你提供更加有效的替代方案。比如你要推广一种产品，天天跑市场、跑客户，效果还不见得好。突然有一天，一个做线上直播的朋友说："你怎么不试试找网红带货呢？"这其实就是外行人帮了内行人。

所以说，尽量扩大自己的活动领域，让目光看向更加多样化的领域，通过各种途径主动结识你专业之外的各行各业的人士。比如参加朋友聚会，通过朋友引荐去结识；培养自己的某些兴趣爱好，通过共同兴趣去结识等。拿我自己来说，我在参加一些商业论坛时就结识了一些投资大咖，通过连接和交流，我就涉足了投资行业，并乐在其中，而这是以前我从没想过的。

第二，选择与自己意见相左的人交往。

当周围人都对你言听计从时，你的人脉圈就会变得很狭窄，你看到的也只有眼前那一亩三分地。但是，如果你能与那些与你意见相左的人交往，你会发现他们也有优秀的思想，也有很广阔的人脉关系。通过与他们交往，你的视野也会变得开阔，甚至还会接触到许多以前不想接触或接触不到的人脉，而这些人脉恰恰是你建立强大连接力的基础所在。

但在实际生活中，很多人在与人交往时，都喜欢跟自己意见相同的人交往，要寻求意见时，也喜欢去找那些讲话顺耳的人给自己提建议。甚至，就算你找到了一个能对你讲逆耳忠言的人，也只能听进去最想听的部分。这是普遍存在于人类心理中的一个认知偏差。也就是说，你其实寻找的不是一个真正的建议，而是来自外部的认同感。而那些给你提出不同意见或与你的观点相左的人，你可能就会疏远他们，对他们的意见也置若罔闻，这就会令你失去许多有效连接的机会。

事实上，我们在选择外部的连接点时，应尽量为自己创造不舒适的状态，因为我们要做的事不是更容易的事，而是更正确的事。经济学上有个名词叫做"助推"，什么是助推呢？我的理解就是：它像一个闹钟，闹钟肯定是让大家不太舒服的东西，因为它每天早晨都会一遍遍地叫你起床。既然闹钟这么令人不爽，我们为什么还要用它？因为我们很清楚，准时起床是我们要做的正确的事。

同样的道理，你想要成长、想要进步，就不能在舒适区内止步不前，必须主动去接触那些不舒适的状态，选择与那些与你意见相左，甚至是反对你的意见的人交往。而且，恰恰是那些经常提一些令你感到不舒服的建议的人，才是你更应该重视和交往的。

当然，在与意见相左的人交流时，你不一定非得同意他们的观点，或要求他们同意你的观点，这些都不重要。比如你喜欢阿根廷队，偏偏他喜欢巴西队，你们俩可能还会为某场球赛争论起来，但人有时候偏偏就那么奇怪，要不怎么说"不打不相识"呢！在相左的意见中找到契合点——比如都热爱足球，然后求同存异地交往。在这个过程中，你们一定能从彼此身上获得不同的经验，调整看问题的视角，从而在某些方面上建立起连接。

在社会分工越来越精细的网络社会，即使是最优秀的企业或个体，也只是在有限的领域内是擅长的，而不擅长的方面就要通过对外连接去寻求合作。你接触的人越多，建立的多样化连接就越多，甚至还能主动为他人搭建人脉，从而将一个一个触点串成一张网，通过网的每一条连线，你也会到达各行各业的各个领域，实现四通八达的目标。

3.2 种子用户画像——我该找什么样的朋友?

什么是"种子用户"?简单地说，种子用户表示的就是最精准的目标人群。就好比一个产品上线后，肯定要先找一些人来试用，也就是"第一批吃螃蟹的人"，这批人就是企业的种子用户。

回到我们个人身上，在构建连接力的过程中，我们同样要选好自己的"种子用户"，知道哪些是我们该连接的人。说白了就是：我该跟什么人建立连接。有些人一听说要多接触人、扩大交际圈，就立马去参加各种各样的活动，一上来就要加每个人的微信，以为这样就能增加自己的人脉。这是错误的，因为不是每个认识的人都能成为你的人脉，你也永远别想着跟所有人交朋友。

要与他人建立有效连接，使他们成为你的战略合作伙伴，首先你要了解他是谁，而不是他拥有什么或曾经取得了什么成就。遵照我们前面提到的"5+50+100"个人网络模型，对于要构建关键关系的50人和重要关系的100人，你必须能对他们进行一定的描述，同时也要知道自己想要找什么样的朋友，继而准确地定义出你要建立的强关系人脉圈中的"种子用户"画像。然后，你再从你周围的人群中选择符合"画像"的人去主动建立连接。

那么如何定义自己的种子用户画像呢？很多人都有这样一个困扰，就是不知道自己要连接的人的特点是什么，不明白要不要根据对方的特点不断调整自己的定位。

其实你只要明白一点：你自己是什么样的人，就对应着你有什么样的种子用户。所以，我建议你这样来定位自己的种子用户画像：

第一，反复问自己：我想成为什么样的人？

你先弄清自己想成为什么样的人，然后再去连接你想连接的人。如果你不清楚自己想连接的人时，那就问一下自己："我自己想成为什么样的人？我倡导什么样的价值理念？我能为他人提供哪些价值？"

互联网发展到下半场，"圈子"这个特点是越来越突出了。而能够和你形成连接、成为朋友的人，通常都是有着共同的情感连接和共同价值观属性的人群。

比如与我们公司合作的J小姐，她最早是在微信公众号上分享美妆知识，后来我们机构给她在喜马拉雅上打造了一套讲穿衣搭配的付费节目，还给她出过书，和千聊合作过爆款课……

在这个过程中，J小姐的定位一直很清楚，就是围绕女性用户，聚焦在变美领域。那么她为什么叫J小姐？她自己是这么解读的："在扑克牌里，J是一个钩，是个骑士。我觉得女性就应该像骑士一样，具有独立的精神，一路披荆斩棘。"她就用这样的内涵去展示她的品牌，定位就很高端。而且她为女性倡导的"自发光"的生活理念，还能通过情感和价值观念去吸引更多的用户。现在，她的训练营每个月都能招到好几百人，而且每个都是三四千元的高客单价。

所以你看，你要先知道自己想成为什么样的人，才能与认可你价值理念的人去建立连接，同时也会吸引价值观相同的人来主动与你建立连接，而且这种基于相同价值观形成的人脉网络往往也是最稳固的。

第二，不用轻易改变自己的价值理念。

有些人认为连接有身份、有地位的人物才是真正的连接，才能说明自己人脉广，为此不惜"削足适履"，发现对方喜欢什么，自己就赶紧作出改变去迎合。

我建议你不要这样做，因为在所谓的"大人物"眼里，这种行为是不专业的、是缺乏立场的，你不能提供他们所需要的东西，自然也没有连接的价值。这种为了高级而高级、为了连接而连接所构建起来的关系也不会稳定。

所以，我倡导大家不要轻易改变自己的价值理念，做个有定见、能坚持的人。只有对自己作出准确定位，并且最大限度地发挥自己的比较优势，才能在某个领域做得比别人更好。你的光芒总有一天会被人看到，继而主动与你连接，和你一起共事，如此你也就打开了交际之门。这种行为看似很被动，似乎自己不能主动选择自己的朋友，其实恰恰是因为你的主动吸引，才让更多和你有共同价值理念的朋友走到你身边，与你建立连接，从而构成你的有效人脉"黄金库"。

第三，通过构建"三角形人脉关系"扩大人脉圈。

我在看《给予者》一书时，很认同作者在其中提到的"三角形人脉关系"理论。书中有这样一个例子，如果由我把 A 引荐给 B，A 和 B 因为我的关系建立了连接，那么我、A、B 三者之间就是个牢固的三角形人脉关系网。而如果你能拥有很多这样的三角形关系网，那么你的人脉资源圈就会越来越多样化，能够选择连接的人脉也会越来越多。

有个朋友想做产品线上推广，让我给他推荐个营销高手，我就把一位做营销策划的朋友和他一起拉了个微信群，这样我既帮到了这位想做产品推广的朋友，又帮到了做营销策划的朋友，我们三方的关系都得到了巩固和加强。

但这里有个问题一定要注意，那就是由我们选择构建的人脉关系网中，其中每个人的人品必须要过关，也就是你的"种子用户画像"必须诚实可靠、值得信赖，否则你就是自毁人脉。

我有个关系很好的合伙人 L，去年他介绍了一单生意给他的一个朋友 M，结果 M 因为一些问题跟合作方搞砸了，合作方很生气，要求 L 赔偿损失。L 找到了我，希望我们能和这个合作方继续合作，他愿意自己再拿出一部分钱作为对合作方和我们的补偿，最后我们把这单生意接下来了。

M 跟合作方的关系搞砸了没关系，大不了以后不联系、不合作了，但对于 L 来说就不同了，最后他不仅自己出了钱、出了力，还落下了埋怨。所以说，当我们作为构建者来连接关系时一定要慎重，只有选对人，你提供的价值才能发挥真正的效用，同时还能使连接网中的人与你的连接更加紧密，成为你的高质量人脉。

3.3 择岗是资源选择上的分岔口
——我该选择什么样的公司?

几年前，我们在职场中拼的是行业、公司和职位。比如说，你是华为的营销经理，那你的行业就是通信业，所在的公司是华为，职位是营销经理。这三个条件摆出来，基本你的身价就展现出来了。所以过去在职场上的闯荡路径也很简单，先进入一个行业，然后努力进入这个行业中最牛的公司，再从最低职位向上爬，几年后获得提升，成为高管。就算没再升职，出来后去小公司做个领导，几年后同样是资深人士。

但现在这个套路已经改变了，因为社会变化太快，新行业、新公司、新职位层出不穷。中国的中小企业的平均寿命不到三年，如果你想用七年做到某公司的中高层，结果可能还没等你做到高层，整个行业都消失了。在这种情况下，以前那种"行业、公司、职位"三件套的定位就不适用了。所以，现在越来越多的职场人士会面临择业上的分岔口，要么是因为自己想要谋求更好的发展，要么是因为公司不景气，不得不重新找下家。

那么这时，你可能就会面临两难的选择，因为你要重新利用各种资源选择公司，同时还必须去连接新的资源，构建新的人脉网络。到底该选择什么样的公司，或者说怎样去连接新的资源？这往往是个很让人纠结的事。

曾经就有个老乡深夜给我打电话："哥们儿，现在有个公司想挖我过去，给的薪水也挺高，可我手里的现有资源到那边可能就用不上了，我就得从头再来，你说我要不要去呢？"这位老乡面临的是要不要跳槽到新公司的问题，但说到底其实就是如何在资源的分岔口进行选择的问题。

既然职场中不可避免地会发生各种各样的变化，那么我们应该怎么应变或者说怎么选择呢？我的观点是这样的：

第一，选择有挑战性的公司。

滴滴出行创始人程维曾在清华大学做过一次演讲，关于就业问题，他给大学生们提供了一个择业建议："如果你有机会做选择，一定要选对你来说有挑战的，因为这是一条向上的路，是让明天的你和今天的你更不一样的路。无论是大学生涯还是以后的职场生活，你会面临越来越多的选择，这时心力往往比脑力更重要，特别是当你选择了艰难的道路时也一定不要放弃。哪怕心里很虚，也必须咬着牙给自己鼓劲儿！"

听起来虽然很"毒鸡汤"，但确实很有道理。当你进入到一个很有挑战性的公司后，就等于进入了一个高质量的圈子，会接触到很多优秀的人。而你想要成为圈子中的有价值者，就必须努力发掘自己的优势，逼着自己提高能力，让自己更靠近那些优秀的人，这对于你个人价值的提升无疑是有帮助的。当你自己的能力和价值获得提升后，你就可以为周围的人创造价值，为他们提供实现自身价值的方法，这样你才能与更多的人连接，构建起新的人脉网络资源。

第二，比起公司规模，你更要关注自己在其中的发展。

有些人特别迷恋大公司，求职目标也只限"500强"或某行业的"前三甲"，至于进去后能干什么，他反而不太关注，认为只要自己能进去，就能结识各种大咖，自己的身价就能提升。

在我看来，这类人的职业定位很有问题。进入"500强""前三甲"的想法没错，但前提是你必须能在企业中获得个人发展。与公司的大小相比，你的个人发展与自身价值的提升才是最重要的。俗话说"铁打的企业流水的兵"，你所在的公司规模再大、名气再大，如果你在其中能掌控得太少，同样没有用武之地，你的能力、价值也不能获得有效提升，你在其中的连接力也十分有限。

相反，一些小公司虽然平台小，但如果它正处于上升期，就算你进入后只是一名普通员工，也会有较大的发挥空间，比如有机会去开拓新业务、新项目，不断试错和学习。在这个过程中，你也有机会接触到更多的信息、资源和人脉，在提升自己能力的同时逐渐构建起人脉网络。当然，如果能直接接触到公司的核心业务就更完美了，这样你就有机会接触到一些业内大咖，从他们那里获得更先进的管理方式、经营策略等，你的个人能力也会在不知不觉中获得提升，这个从0到1的过程对你来说更有意义。

总之，从事业的维度来看，不管在任何时候，你的个人能力不够，或者没有相对稀缺的人脉资源，再或者没有所谓特定的连接工具能为他人所用的，那么你选择什么样的公司或平台都难以获得持久发展，同时也难以建立有效的连接力。就像曾经有个朋友问我，同样是做美妆，为什么李佳琦能火，我卖口红就卖不动呢？我跟他是一样的套路啊，难道我就差一个OMG（我的天啊）吗？我当时就非常委婉地提醒他："你应该多关注李佳琦'OMG'之外的套路或者能力。"

李佳琪如果不是真的很懂专业美妆知识，凭什么那么多女生为他疯狂，那么多厂商围绕着他转呢？一个人的价值体现，既依托于你所在的公司或平台，也需要你在某个领域内具备过硬的经验和专业程度，也就是你的个人能力。当你的个人能力足够强大时，你才能与自己所在的公司或平台相互成就、唇齿相依，你也才能连接更多的人脉资源。所以，努力提升自己的能力、打造自己的品牌，才是你最有价值的、别人偷不走的资本。口袋里装着这样的资本，你选择什么样的公司都能大有作为，也同样能快速建立连接力。

3.4 随时应对市场环境的变化
——我该选择什么样的行业？

俗话说，"女怕嫁错郎，男怕入错行"。当然现在这么说已经不全面了，不但"男怕入错行"，巾帼不让须眉的女士们同样怕入错行。因为行业不仅关乎着个人的职业发展，还关乎着自己个人能力的提升，而一旦入错行就等于踩了坑，以后再想转行可能也没那么容易。

最近我们的个人发展学会就接到这样一份求助：一位学员在一家外企担任部门主管。他原本干得顺风顺水，对薪水也颇为满意，哪知道上个月直属上司的岗位进行了调整，以前对他心怀不满的人抓住机会开始四处散播他的坏话，导致他的工作十分不顺，原本期待的升职机会也没了。在这种情况下，他心灰意冷，动了离职的念头。但他从毕业进入这家外企后就没换过工作，现在要离职重新找工作，他完全不知道自己该做什么好。因此，他找到了我们的职业辅导师，希望我们能帮他分析一下，未来他该怎么办。

其实这样的案例很多。不少人在刚刚进入一个行业时往往都心怀梦想，甚至会为自己设立人生的长远目标，还认真地拆分为 5 年、3 年、1 年等小目标，然后准备按计划实现这些目标，成为行业中的佼佼者。

但我认为，如果不懂得动态把握变化，运用这种方法来规划自己的职业并没有太大的效用，为什么呢？

因为这种观念成立的前提是世界是不变的，或者说是在相对稳定的环境下才有效。就像在一个平静的水面上，你把船从 A 点划到 B 点用 10 分钟；但如果突然刮起了大风，你还能顺利地用 10 分钟把船从 A 点划到 B 点吗？职场也是一样，它所处的环境同样是瞬息万变的，时刻都充满了各种不确定性。

就比如说房地产，5 年前进入房地产行业，可能不用花费太多心力就能取得一定成绩，但如果你因此就认为自己 5 年后、10 年后能赚得更多，那就错了。5 年前你能轻松赚到钱，是因为房地产行业正处于上升期，市场需求量大，成交量自然也高，所以那时我们经常听说房地产销售人员收入如何如何高。但现在就不行了，因为大家看到这个行业赚钱都一股脑儿地挤进去了，结果呢？市场饱和，供大于求，房子卖不动了，这时你可能付出比以前两倍甚至多倍的努力，所得的收入还不到以前的一半。

　　这说明什么？说明任何行业都是不断变动的，任何人都不可能指望着在一个行业中一条道跑到黑。

　　既然这样，那我们到底应该选择什么行业呢？或者说，如何规划自己的职业才能时刻跟上环境的变化，应对未来呢？

　　我在读《至关重要的关系》一书中，发现作者在书中提到的一个观点特别值得我们借鉴。他认为，我们在择业时，既要追求自己的理想，也要考虑市场变化，同时还要随机应变，为此作者提供了 A、B、Z 三种计划。

　　在充满变数的未来，如果我们遇到不可抗力时，就可以根据需要把重心转移到 B 计划上来。B 计划和 A 计划可以在一定范围内变通，如果 A 计划行不通，就采用 B 计划。当然，B 计划也不需要详细到过于具体，因为你刚刚具体化，情况可能就发生了变化，但一定要考虑积累与之相关的能力和资源。一旦我们将重心转向 B 计划并坚持执行下去，该计划就成了新的 A 计划。

　　Z 计划是指我们的退路，也就是救生船。在商界和生活中，我们总希望能够一帆风顺。很多人目前都没有自己的 A、B、Z 计划，以为现在的工作足以支撑一切，忽略了以后的工作变动，缺乏危机意识。要知道，如果你有自己的 A、B、Z 计划，在执行 A 计划的同时，不断实践自己的 B 计划，又有 Z 计划的保障，你才可能避免"稳定性风险"。有了自己的 A、B、Z 计划，不管以后走哪条路，未来都掌握在自己手里。

首先，A 计划就是你现在的工作，或者是你一直想进入的行业，目的是发挥自己的能力和优势，实现自己的价值。其实如果我们仔细研究一下就会发现，现在很多人从事的工作、所在的行业都不再是自己最初的选择了。比如我最早从事的工作是卖保险，后来还做过网站，但这些跟我现在的职业已经相距十万八千里了。

其次，B 计划是除了 A 之外的，你愿意长期投入精力的一项属于自己的"小事业"。它可以是你的副业，也可能还不是副业，但你需要的时候可以依靠它来创造不同来源的收入。它可以基于你现有工作相关的能力，也可以是不相关的能力，但你在业余时间可以加强这项能力。所以，B 计划就是一个变通的替代计划。假如你现在的 A 计划行不通，或者你遇到了更好的机会，B 计划就可以升级为 A 计划。比如我有个发小，大学毕业后进入汽车行业，成为一名工程师，后来机缘巧合之下进入了投资行业，现在已经成为一名成功的投资人了。显然，他就成功调整了自己的职业。

不管我们选择哪个职业，还是如何调整自己的职业，我们都必须从一个更高的维度去定义自己的能力和优势。也就是说，你要能够看到自己的能力具有更高的可适性。所谓可适性，就是你能适应各种各样的环境，能适应更多的岗位。如果你把自己的能力和优势定义得太低、太窄，那么你能选择的行业和岗位自然也会很窄、很少，你要选择或者调整职业也会变得很难。

同时，在能力积累的维度上，你还要不断打造属于自己的个人标签，并在这个标签上不断积累，逼着自己向更高的维度迈进，这个标签就是你的专业性。比如说，你是一名编辑，但并不意味着你每天坐在办公室看看稿子就行了，你还要会看各种出版数据，还有具备产品思维、战略眼光等，只有在各个维度上都能达到专业的标准，你才能把握一个内容的综合价值。

所以，不管你怎样实施自己的A计划或是B计划，都必须不断地向内搜索自己，对自己进行深度的自我认知，再基于自己的底层能力和优势去选择自己的行业和工作。

最后，Z计划是你的保障，也是你最后的退路。假设有一天你的A、B计划全部失败，那么Z计划就能保证你在未来某一段时间内继续保持现有的生活品质，能给你一次从头再来的机会。对此，我的理解就是你的存款、固定资产、你的理财投资组合，或者说你没有退路之下的选择。你可以跟自己说：如果失败了，大不了我就去卖早点或开出租车嘛，再不然我就用现有的钱支持自己再学习或换一个行业，从一线的低收入重新开始，没什么大不了的，反正不会饿死。有这样的底气，才能积极应对未来的变化，而不至于瞻前顾后，不知道当下该怎么选择自己的行业。

说到这里，有些人可能会提出一个问题，既然市场环境瞬息万变，我们随时都有可能转行，那是不是就没必要去费尽心思地拿文凭、拿证书了呢？只要我随时抓住机会，现学现卖不是更省时省力吗？

我不同意这种观点。即使在现在这个看能力比看文凭更重要的时代，文凭同样有它存在的价值。它的重要性就像很多网络平台账号的加V认证一样，如果一开始就能加V，你会选择加V还是不加V？很多一开始没有加V的，成了大V之后不还是积极加V吗？这就好比一个人在没文凭、没学历的情况下，功成名就后仍然想要个文凭给自己加持一样。

文凭的出现是社会发展的产物。为什么各种文凭、证书、认证越来越多、越来越重要？从社会底层发展规律的角度来看，是因为分工越来越多、越来越细。我们一直强调，这是个靠连接来推动的社会，而文凭就是用来确认、筛选连接对象的实力、身份，以此来降低连接成本的一种方式。

比如说，你刚从学校毕业，想进入一家"500强"企业工作，那么你拿什么来证明自己的能力呢？只有你的文凭。首先，你是本科、硕士还是博士，对应的往往也是企业岗位的技能需求和专业层次档位；其次，你的文凭还意味着你的连接能力的强弱。因为不同的文凭往往对应着不同的潜在人际连接网。在走入社会之前，学校是大多数人社会关系连接的起点。在这样一个连接越来越紧密的网络时代，连接力就是一个人最大的竞争力。你的价值衡量不再只是单点的、个体能力可能创造的价值，而是你和你背后所能有效连接（这里的"有效连接"是指联系且可调动）到的资源作为一个整体单元可能创造的价值。

所以说，在一切商业回归个人力量、人人都是IP、个体影响力越来重要的时代，文凭就是你的第一个重要的个体品牌标签，是你的校友圈、交际圈，是你的个体影响力的起点。优秀的人喜欢跟优秀的人连接，优秀的人也会因为你的优秀而更优秀。

因此我们说，要选择合适的行业，你必须要有详细的规划，但这个规划不要太远，因为时代和环境随时都在变化。

一旦你在某个行业中遭遇难以突破的瓶颈，就要做好调整职业方向的准备，并且最好朝着不同但有关联的方向进行调整，通过你的输出价值吸引更多的连接，寻找更好的机会。当然，最重要的还是要打造自己的独立职业身份，提升个人能力，积累个人资本，尽量不被公司和行业限制，这样你在选择行业时就会比别人更坦然，可选择的范围也更宽广。

3.5 "大城市的胜利"——我该去哪里生活?

现在好多年轻人，从大学校门走出来后面临的第一件事就是该在哪里找工作。尤其是一些二三线城市毕业的年轻人，到底是在当地找工作，还是去北上广深等大城市闯一闯，往往成了他们最纠结的事。

在我看来，不管是北上广深等一线城市，还是二三线城市，都各有千秋，关键看你想追求什么样的生活。如果你想朝九晚五，认为小富即安，不想追求自我突破，那么二三线城市就是你最好的选择。但如果你想获得更多的机会，构建更好的连接，想让自己的个人价值最大化，那么大城市肯定比二三线城市的机会和挑战更多。虽然这几年一线城市高昂的房价和巨大的生活压力使许多人开始逃离，但这种逃离也像一种过滤，剩下的往往是更有激情、更有能力的年轻人。因此，哈佛大学经济学教授爱德华·格莱泽将大城市的这种优势称为"城市的胜利"。

而在我个人看来，我建议年轻人选择在哪工作或在哪生活前不妨先问自己下面几个问题：

这座城市是否能提供更多的就业机会？

这座城市是否有更多的机会让你提升自己的专业技能？

这里是否具有高质量的人才和开放交流的文化？

这里是否具有大量的创新和实践在进行？

这里是否能让你获得更高的收入？

如果有，那么这个城市就值得你留下来奋斗，因为它可以为你提供一个高价值的网络环境，让你在其中更快速地提升自己的人力资本和价值，继而获得更高的收入，使个人价值达到最大化。其实对于我们个人来说，人力资本和价值的提升往往与大城市的联系最为密切，甚至可以说它们就是"城市的产物"。

具体来说，我认为你可以从以下三个方面来考量：

第一，大城市能为你提供更多的机会。

这个很好理解，比如你失业了，在大城市你可能很快就能找到一份新工作，而小城市因为工作岗位有限，恐怕就没那么幸运地马上找到一份心仪的工作。

　　为什么会这样呢？因为各行各业的变化速度都越来越快，以前你只要掌握了一门手艺，走到哪里都能吃得开。如果想大展身手，还可以自己建个工厂，为其他有相似手艺的人提供就业机会。但现在你的手艺能用多久？就算是独门绝活，恐怕三五年后也被智能化机器取代了，何况你还不能在一个行业中长期掌握所有绝活，那最后必然会被淘汰。

　　而在大城市中，各种信息资源丰富，你可以接触到更多的专业和技能，并且可以跟随行业的变化学习到其他更多更先进的技术和技能。在这种情况下，即使你在一个行业做不下去了，还可以转入其他行业。所以，即使行业变化速度快，包罗万象的大城市还是能为人们提供更多的就业岗位，降低失业的风险。

　　第二，大城市可以快速提升你的人力资本。

　　工作之后，我想很多年轻人会有一个特别明显的感受，就是学校里学的知识根本不够用，你必须在工作中重新加足马力学习，这样才能跟得上行业的发展速度，提升自己的竞争优势。

　　人都是不太愿意主动学习的，因为学习是个向上的过程，就像爬山一样，会非常累。而大城市能够提供一样东西——

"同侪压力"，当你看到身边各领域的精英都在学习时，自己也会不知不觉地想要与他们为伍，相当于你找到了学习共同体。在这种压力下，你就是睡着了都不敢放松自己。比如，一些互联网大佬差不多都是同一年出道的，都赶上了当时的社会发展趋势，而大家又都不肯轻易认输，那就比着学习、比着进步，直到在各个行业中都取得成就。

同时，工作上的压力也会推着你不断地去提升自己。几年前有一部很火的电影，叫《穿普拉达的女王》，一个刚刚出校门的女大学生进入了一家顶级时尚杂志社，担任杂志社的主编助理。而这位主编被称为"女魔头"，大事小事、公事私事全部交给助理打理，把这个小助理折磨得苦不堪言。但是，助理的个人能力却在这种磨练中迅速获得了提升，到最后完成各种工作都得心应手。

这说明，在大城市里你可以获得很多接触到行业顶层的机会，不但能促使你快速实现个人能力的突破，还可以构成你未来可能的人脉资源网络，而这些都是能内化入你的人力资本和价值积累当中的。

第三，大城市能让你构建更丰富的社会网络。

现在是一个网络协同的时代，社会化分工越来越精细。即使是最优秀的企业或个人，往往也只在一些有限的领域擅长，而不擅长的地方肯定要与他人合作。而作为个体来说，我们在职业上自然也不可避免地会出现短板，需要通过人脉网络实现与他人的互帮互助。与小城市相比，大城市人口密集，人与人之间的连接显然更加紧密和便捷，优秀的企业和个人也更多。在这种情况下，你与优秀的企业和个人连接的机会就会增加，获得的资源也会增加，那么你创业成功和创造财富的机会也会相应增加。

拿拥有21亿用户的Facebook来说，其实最早扎克伯格是在波士顿开始创业的，但当时的波士顿对这种创新技术不太友好，并且也没什么技术人才可用。直到后来去了硅谷，Facebook才真正获得了发展，著名风投人彼得·蒂尔对扎克伯格的创业思路非常感兴趣，于是为其注资，加上当时斯坦福的技术人才非常多，Facebook才最终时来运转，获得了飞速发展。所以后来扎克伯格说，如果他仍然留在波士顿的话，Facebook很难成功。

在我看来，如果你对自己的职业有较高要求，希望个人能力和价值有所突破，或者你所在的行业是对人脉有要求、圈层分明的行业，那么大城市无疑能让你连接到更多有价值的资源和人脉，获得更好的个人发展机会。

04

运营力：网络社会的核心竞争力

研究发现，人类99%的行为或决定都是在其他人的影响下做出的，个人品位和喜好所起的作用非常有限。虽然我们经常被告知要做自己，不要随波逐流，不要受他人左右，但实际上我们无时无刻不在受身边人的影响。不管是强连接关系，还是弱连接关系，这些连接都或多或少地影响着我们。因此，这也决定了我们必须认真运营这些连接关系，构建更好的个人发展通道，从而提升我们在网络社会中的核心竞争力。

4.1 强连接传递影响，弱连接传递信息

前文我们提到，美国社会学家格兰诺维特曾将社会关系分为强关系和弱关系，也就是我们常说的强连接和弱连接。强连接就是我们每天联系和接触最多的人，比如亲密的家庭成员、关系较好的朋友等，这种关系会让我们感到安全和满足；而弱连接就是那些平时不大联系的人，如多年没见的同学、常年不来往的亲戚等，也就是我们常说的泛泛之交。强连接和弱连接是我们与外界建立连接的强度，或者叫与外界之间的关联度。

一个人的弱连接数量通常要比强连接多很多，倘若我们把整个社交网络比作一大块藕，那么强连接形成的人脉圈就相当于你把这块藕切开后的每个小块，而弱连接则相当于每一个小块与小块之间连着的丝。它真正的价值就是将不同的强关系圈连接起来，形成一个更大的社会网络，从圈外为你提供有用的信息和资源。

以几乎每个人都在使用的微信为例，微信能成功的关键逻辑就在于它构建了弱连接与强连接间的桥梁。在微信之前，人们都是通过电话、短信来联系，而且一般会在需要对方的时候才会主动联系，平时没有互动，彼此之间缺乏动态了解。但微信出现后，大家互相加了好友，能从朋友圈动态中了解到彼此的近况，甚至还能随时随地聊几句，增加彼此的联系度，于是弱连接被渐渐激活，从而转为联络积极的强连接。

那么，我们怎么来判断自己与外界连接力的强弱呢？我认为可以从四个维度进行衡量：

首先是互动的频率。互动的次数越多，就越容易成为强连接关系；相反互动少，强连接也会慢慢转变为弱连接。

其次是彼此的信任程度。你越信任对方，就越容易与对方建立强连接；相反，如果彼此缺乏信任，强连接就很难建立。

再次就是你们的密切程度。关系越密切，彼此的关系和连接力就越强，反之就越弱。

最后，也是最重要的一个，就是彼此的互利交换度。你跟对方经常互相帮助，互惠互利，那么你们的连接力就越强；反之就弱。

如此说来，我们肯定都希望建立强连接关系，因为强连接可以让彼此的沟通和交往更密切，说话办事也更容易。著名华人社会学家边燕杰曾经指出，在我国，以前人们之间交往办事主要依赖强连接关系，也就是人与人之间的交情网。你的交情网越宽广，连接力就越强，你就越容易获得各种机会。有时哪怕你与某个人不认识或不熟悉，但通过中间的强连接关系，你也能与对方取得联系、建立连接。简而言之，就是"人情"在起作用。

但随着市场竞争的加剧，"人情"的作用逐渐减弱，我们不得不依靠各种信息资源来从外界获得机会。此时如果你仍然只依靠周围的强连接，就很容易陷入孤立状态，因为你很可能无法再从周围的连接中获得更多有价值的信息和资源，你的强连接关系和信息资源有更多的趋同性，你不知道的，他们也同样不知道。

在这种情况下，要扩大人脉圈，获得更多的信息和资源，你就要依赖弱连接关系，加强与弱连接之间的联系。因为弱连接可以将不同的社交圈连接起来，帮你打开一扇看往圈外的窗户，让你看到外面的更多可能。

其实，对于强连接和弱连接，我们可以用两句话来概括它们传递给我们的价值，即强连接传递影响，弱连接传递信息。下面我们分别阐述一下：

第一，强连接传递影响。

这个怎么理解呢？我举例说明一下。

现在很多微信群中都经常会产生拉票现象，比如谁家的孩子要参加什么比赛，用微信投票的方式来决定最后成绩，谁的票数多，谁的胜算就大。这时你会发现，不管你把投票链接发到哪个群里，号召大家为你的孩子投票，除了跟你很熟、关系很好的人可能会帮你投票外，其他人都无动于衷。所以想让这个投票结果对你孩子的比赛结果产生影响力，也取决于你在该圈子中有多少愿意为你孩子投票的人，也就是你的强连接关系人数。

其他圈子也是如此，能对你产生直接影响力的通常都是那些与你关系比较亲密的人，而弱连接一般是做不到这点的。

第二，弱连接传递信息。

弱连接就是那些你认识但没有太多交往的人，或是在社交场合中熟悉的人。美国社会科学家林南把这类关系称为"构造的关系"。正因为有这种"构造的关系"，不同圈子之间才逐渐连接起来，从而构造成为一个大的社会关系网。

比如，A和B是强连接关系，A和C也是强连接关系，那么通过A这座桥梁，B和C就很可能成为互相认识的人。这样一来，B和C的人脉圈之间就建立了一种弱连接关系。所以A

在这其中就像一座桥，没有这座桥，B 和 C 的人脉圈信息就无法形成对接。这其实也提醒我们，没有弱连接，强连接的圈子就会被分化成一个个脆弱的孤岛群。

所以弱连接能给我们带来什么呢？带来更多的信息、更多的机会乃至财富，让我们的人脉网络越来越广。

格兰诺维特曾在他的书中举了这样一个例子，他曾在美国波士顿的两个社区里做了一个调查。一个是在意大利社区，这个社区里的强连接关系很多，大家彼此来往密切，今天你到我家吃饭，明天我到你家喝茶，很有人情味。渐渐地，大家就自觉把几个来往密切的家庭归入一个圈子当中，其他家庭便不太来往了。这种情况形成的连接网就像是一个个孤岛状的断点网络。

另一个是在德国社区，这个社区里居民的社交方式跟意大利社区刚好相反，大家彼此相敬如宾，平时几乎互不打扰。即使参加社区活动，也保持着一定的距离。在这个社区中，人与人之间形成的就是弱连接关系。

有一天，政府突然宣布要进行城市更新，准备拆掉这两个旧社区，结果怎么样呢？

意大利社区的居民一听，立刻群情激愤，纷纷去阻止拆迁工人，但最后社区还是被拆了。而德国社区的居民呢？他们开始寻找各种各样的社交关系，找媒体、找政府，最后反而保留下了社区。

由此可见，只依赖强连接，你的社会网络就会变得单一、孤立，就像一座孤岛，不管你的岛屿面积有多大，如果不能连接外界，那么随时都会被击破。而弱连接刚好相反，它就像一张大网，平时不需要耗费太多的时间和精力去经营它，关键时候却能发挥巨大的作用。

总而言之，在我们的生活中，连接无处不在，要构建强大的连接力，就要学会科学地运营网络关系，通过增加互动激活弱连接，将人脉圈的外围成员尽可能拉入关系核心区中；然后再利用强连接施加影响，这样你就可以从自己的社会网络中获得更多的资源和更好的机会。

4.2 结构洞：如何成为最厉害的"搭桥者"

1992年，美国社会学与战略学教授罗纳德·S·伯特在《结构洞：竞争的社会结构》一书中提出了"结构洞"理论。

什么是结构洞呢？这个概念看起来比较笼统，举个例子，假如地球上有一个人能跟外星人建立联系，并且只有这个人有这个本领，那么你说这个人的权力大不大？

两个毫不相干的人或群体之间缺乏直接的联系，从网络结构上来看，这两个人或群体之间就形成了一个空洞，这个空洞就叫"结构洞"。而如果这两个人或群体之间最终通过某个个体建立了关联，将"结构洞"填补起来，那么这个个体就叫"搭桥者"，也就是我们刚才说的能连接地球和外星的那个人。

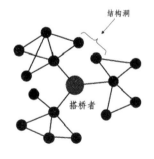

我想很多人的朋友圈中都会有这种人存在，他们似乎什

么人都认识。你去医院看病，挂不上号，找他；你想装修房子，找不到可信任的设计师，找他；你想托人办个什么事，托不到人，找他……总之，他虽然不能直接给你提供帮助，但通常一个电话就能帮你找到合适的人选，这种人就是结构洞里的"搭桥者"。

我有一位老朋友，是一个大型企业的项目交付经理，在我看来，不管多复杂的项目，只要到他手上都能按时交付。我就问他有什么秘诀，他说其实没什么秘诀，就是经常把相关项目的负责人请到现场喝喝茶、聊聊天。如果出现推诿扯皮现象，就让这些负责人到现场来解决，就算是平时很难请动的人，一听说自己的上司经常在现场核查，也不好推脱了，只能配合他解决问题。

其实我这位朋友就是在现场制造了一个结构洞，而他就是那个结构洞中的"搭桥人"，连接着各方面的人脉，然后将信息优势转化为控制优势，从而让项目能够顺利推进。

所以，要构建超强的连接力，我们就要努力建造各种结构洞，并且让自己成为结构洞中最厉害的"搭桥者"，这样才能连接各个方面的信息和资源，获得多元化的信息优势。这些多元化的、异质性的信息和资源通路也可以为我们带来更多有价值的信息和资源，为自己创造更多的成功机会。

比如，一位编辑总也签不到理想的作者，拿不到理想的选题，于是他就认为是公司的规模、地位不行，不能吸引更优秀的作者前来投稿。所以，整天自怨自艾，惶惶不可终日。

但就有这样一位新来的编辑，他不仅了解现在出版市场的行情，还与许多优秀作者保持着弱连接关系。于是，他主动联系一些优秀的作者，结合自己公司的出版风格和市场需要，很快就打造出了一系列畅销作品。

这就是结构洞带来的信息优势。公司没有这些作者的资源，一些优秀的作者对该公司的出版方向、出版风格等信息的了解也不深入，而因为这位编辑的"搭桥"，双方建立了连接，彼此都有所收获。

既然结构洞如此重要，那么我们怎样才能寻找到结构洞，并成功地占据它，成为一个有效的"搭桥者"呢？我建议你从以下两方面努力：

第一，填补"信息不对称"的"洞"，成为有效的"搭桥者"。

什么叫信息不对称呢？按照经济学家张维迎的定义来说，就是指交易双方掌握不同的信息量，一方参与者掌握着另一方参与者所没有的信息。

信息不对称会带来许多风险，比如我们买西瓜时，如果不会挑，那就只能直接问摊主，这瓜甜不甜呀？摊主肯定说甜。可买回去切开一看，既不熟也不甜。可西瓜是自己挑的，也没办法。这就是信息不对称带来的风险。

所以在很多时候，信息不对称会让我们多走许多弯路。当然，现在随着互联网的普及和发展，我们获得信息的能力越来越强，信息不对称现象也有所减少。比如你准备选择一家餐馆吃饭，这时就可以先通过查看一些平台上的用户评价来决定要去哪家。如果大家都说某个餐馆服务差、菜品难吃，那肯定不会选择它。

但是，这并不表明信息不对称就不存在了，因为除了可以共享的知识外，更重要的是存在于每个人内心里没有说出的想法、建议和资源等，这些东西对别人来说才更重要。于是，也就有了"乔哈里视窗"中所说的"隐瞒区"的出现。

乔哈里是美国的一位心理学家，他根据人际交往中双方对沟通内容的熟悉程度，将信息分为四个区，即共识区（也叫共知区）、隐瞒区、盲区和未知区。如下图所示：

	自己知道	自己不知道
他人知道	共识（共知）	盲区
他人不知道	隐瞒	未知

从这个图可以看出，如果我们拥有了别人不知道的信息和资源，然后用这些信息和资源去连接别人，就能够占据结构洞的位置，成为搭桥者。

比如你想买一辆二手车，到二手车市场上一看，每辆车的外观都修复得挺完美，非专业人士根本看不出车的好坏。卖家为了卖个好价钱，肯定会对自己的车况有所隐瞒。这显然就是信息不对称。此时，如果你有个朋友碰巧是这方面的行家，那么显然他就成了你和卖家之间结构洞中的"搭桥者"。

因此，不管是在职场，还是在生活中，我们都要多关注新知识和新消息，主动扩展自己的交际圈，避免在一个固定的网络内束缚住思想和观念，从而构建一个能够跨界的信息圈和人脉圈。只有这样，我们才能在信息不对称的结构洞中成为搭桥者，连接更多的信息和资源。

第二，提供有价值的信息，跨越结构洞而成为"搭桥者"。

罗纳德·伯特曾经在他的书中说道："只要有信息利益，就能跨越'洞'。"这里提到的"信息利益"就是指有价值的信息。换句话说，也就是信息增量，是我们能够给别人提供其没有的认知、需求和竞争信息等。

要达到这个要求，我们就要通过各种社会网络获得信息增量。那我们怎么来获得信息增量呢？要获得有效的信息增量，主要还在于我们在社会网络中的位置。罗纳德·伯特认为，个人在社会网络中的位置要比你的关系强弱更重要，因为这将决定你的个人信息、资源和权力。你在社会网络中的位置越重要，拥有的权力就越大，获得的信息和资源也就越多。在这种情况下，你才有机会获得更多的异质性信息和资源，拥有信息优势和控制优势，从而跨越两个没有直接联系的人之间的结构洞，成为他们中的"搭桥者"。

事实上，这也在另一方面提醒我们，要成为"搭桥者"，就必须与多个圈子保持着连接关系。最理想的情况就是：你属于其中的一个圈子，并且至少跟另一个圈子关系紧密。俗话说，"隔行如隔山"，两个圈子如果存在差异性，就很难相互连接，更不用说建立共赢关系了。这时，他们之间就存在着结构洞。而如果你与这两个圈子中的成员都有关系，并且不论关系强弱，只要能为彼此提供有价值的信息，你都能跨越结构洞，成为不同圈子之间有价值信息的传递者。而你也会因为在其中起到的传递作用，与两个圈子之间的连接更加紧密。

4.3 中心度：你的价值更多取决于周围人对你的评价

不管我们愿不愿意承认，总有那么一些人是自带主角光环的。他们在进入一个圈子后，很快就能成为圈子里的中心人物，所有人都自发地围着他们转，所有的资源和机会都会被他们吸引。我经常把这类人的人生称为是"开挂的人生"。

当然，不是每个人都能拥有"开挂"的人生，如果你是一位刚刚进入某个圈子的新人，就更不可能了。但是，这并不表示你不能与圈子中的人建立连接，如果你能够提供"信息利益"，能够为他人创造价值，你同样能成为圈子中的中心人物。

网络科学中有个工具，叫做"中心度"。简单来说，"中心度"就是指一个节点在社会网络中最受欢迎或最受重视的程度。我们知道，一个网络往往由几百上千个，乃至上万上亿个节点组成，其中某个节点所连接的信息和资源越多，那么这个节点的中心度就越高。

2019年，斯坦福大学著名经济学家马修·杰克逊写了一本书，叫做《人类网络》。在这本书中，马修举了一个例子，篮球运动员乔丹在他的运动生涯中，通过打篮球获得的薪水刚刚超过9000万美元，而从那些希望他帮忙推销商品的商家中获得的报酬却高达5亿多美元。这说明什么？说明他的市场营销价值要远远超过他作为运动员的价值，因为他具有举足轻重的关注度，直接影响着全球消费者的购买意愿和决策。从这个意义上来说，乔丹就是他所在的社会网络中的中心节点，占据着中心度的位置。

一个人是否处于中心度的位置，并不在于他影响人数的多少。如果这个人在一个圈子中拥有超出其他人的存在感和影响力，那么他同样属于网络中的中心节点。比如，一个公司里总有几个很活跃的人，大家喜欢找他们聊天，有事也喜欢找他们帮忙，这种人物就属于中心度人物，在公司里颇具存在感。再比如奥斯卡颁奖礼上的女明星，她们的着装风格往往会影响着时尚的趋势和公众对一些服饰品牌的认知，这也是因为她们在行业中有着重要的影响力，占据着中心度的位置，连接着许多网络节点。

由此我们可以看出，一个人要成为某个网络中的节点，具有一定的连接价值，不仅仅取决于你连接的人数多少，还取决于周围人对你的关注和评价。

接下来我就从三个方面来阐述节点在社会网络中的重要性。

第一，你连接的人数越多，你就越重要。

通常来说，在一个圈子当中，你连接的人数越多，有越多的人知道你、认识你，那么你就显得越重要。这个在网络维度中被称为是"度中心度"。

虽然这个名字有点绕口，但却不难理解。一些明星、网络大V、公知等，为什么他们的收入高？原因就在于他们可以同时与很多人发生连接，既包括行业内的人、广告商，还包括大量的粉丝。我发一条微博可能没几个人看，但明星发一条微博，广告商就愿意花上几百万，差别在哪儿呢？就在于他们的"度中心度"比我要高。

第二，依赖你的人越多，你就越重要。

这一点强调的是你在一个社会网络中是否处于中间人的位置，类似于我们上一节所讲的结构洞中的"搭桥者"，但要比"搭桥者"的连接更加广泛。这个衡量指标在网络科学中被称为"中介中心度"。也就是说，要看网络中的其他人之间建立连接、传递信息和资源时，是不是一定要通过你才能实现。

这个"中介中心度"有什么用呢？简单来说，它能帮助我们整合不同圈子、不同领域内的资源和信息，如果你发现其他人刚好需要这些资源和信息，那么你就可以为他们提供，由此与对方建立起连接。说白了，就是让你具备一种"攒局"的能力。

在15世纪，意大利的佛罗伦萨有个著名的家族，叫美第奇家族，在当地有着非常大的影响力。很多人可能觉得，这个家族要么有钱，要么有权势，其实都不是，他们真正厉害的地方在于他们连接着不同领域中的各种资源，具有相当高的中介中心度，不管是商界还是政界，都能连接上。一个商人想找政府部门合作，要通过美第奇家族牵线搭桥；一个政客想找著名艺术家画幅画，也要通过美第奇家族的引荐。总之，美第奇家族虽然没有直接控制这些资源，但却掌握着通往和获取这些资源的路。你想跟这些资源连接，就必须通过这个家族。

所以，有时你的价值不仅在于周围有多少人认识你、关注你，还在于你周围的人有多依赖你，离开你他们是真的玩不转！

第三，你的"熟人"越厉害，你就越重要。

有些人觉得：认识我的人多，我的连接力就强大；我能给别人搭桥，别人常常找我帮忙，我就厉害。

这还远远不够，因为真正决定连接力和影响力的不止在于连接节点的数量，还有节点的质量；也不是看你到底有多少"熟人"和朋友，关键是看这些人里有多少牛人。这一点在网络维度里叫做"特征向量中心度"。

我们都知道，谷歌的搜索算法是很强大的，其实这套算法的核心，就是来衡量特征向量中心度。比如，你在谷歌里搜索"化妆品"，可能会一下子出来几百万个结果，这些结果最初的排序就是按数量排的，也就是哪个网页的关键词数量多，它的排名就越靠前。但这就出现一个问题，如果我在网页里搜索50遍"化妆品"，这个网页都排在最前面，那么很显然，这个结果对我来说就没什么价值。

于是，谷歌就换了一种算法，不再按数量排名了，不管你里面有多少关键词都没用，而是按照网页的质量排名，怎么排呢？就是看这个网页都连接着哪些网站，比如有十几个门户网站都连接着这个网页，那么谷歌就判断这个网页质量不错，因为有很多权威网站愿意为它背书，那么就让它排名靠前。

这种搜索算法衡的其实就是特征向量中心度。你不仅要自己有价值，你连接的"熟人"还必须有价值。那么，我们怎样才能在进入一个圈子后，提升自己的中心度，成为圈子中的核心人物呢？

很简单，没有信任和互惠，任何连接到头来都是镜花水月。不论在任何时候，信任和互惠都是构建连接力的基础。尤其在现代社会中，你的价值和资本不是单纯指你认识谁或认识多少人，而在于你连接关系的质量，而质量的标签就是互相信任、互相承担责任和互相给予回报。你能为别人提供价值，你就能与对方建立连接；你能为很多人提供价值，并获得他们的认可，那么你就能成为这些人中难以被替代的核心人物，你在社会网络中的中心度自然也会迅速提高，获得的连接节点也会越来越多，甚至会在将来获得更多的优先连接。

4.4 三度影响力：
你朋友的朋友的朋友也会影响你

很多人应该听说过"六度人脉关系"理论，它的意思是说，世界上所有人都可以通过六层以内的人脉关系与其他任何人建立连接。它以认识朋友的朋友为理论基础，通过社会网络扩大自己的人脉圈，构建广阔的人脉关系网。所以人们认为，在社会网络中，我们大概需要经过六次传递，就能把信息传递给世界上的任何人。

但是，这种信息传递并不代表我们会对接收到我们信息的人产生影响力，因为影响力只有在强连接关系中才能传递，而信息传递是在弱连接关系中发生的。如果要对连接的人产生影响力，那么这个影响程度就不会超过三度。

这个理论出自美国著名社会学家尼古拉斯·克里斯塔基斯所著的《大连接》一书，这本书中为此还提到了一个重要理论，叫"三度影响力"。简单来说就是，一个人要对日常交往中其他人的情绪、行为、健康、观念等产生影响的话，只能通过强连接进行。而强连接的影响强度只能达到三度，也就是只能传到你朋友的朋友的朋友，不可能传递到更远。作者还在书中提到，因为受三度影响力的影响，"肥胖也可以传染"。这一论断当时还引起了业内的广泛关注。

肥胖既然不是细菌也不是病毒，怎么会传染呢？

原因就在于观念的传播。比如，你的朋友爱吃甜食、爱吃高热量食品，又不爱运动，那么在与他交往的过程中，你可能也会经常尝试甜食、吃一些高热量食品等，这是观念的一度传播；再如，你的意志力很坚定，坚决不吃甜食，但看到自己亲近的人吃时，心里对这类食物的抵抗力就会逐渐降低，这是观念的二度传播；如果你的朋友因为经常吃甜食开始发胖，即使你以前不能接受，但因为他是你的朋友，你对胖瘦的评判标准也会发生改变，久而久之，你对自己控制体重的要求也会随之降低，这就是观念的三度传播。

所以，说肥胖可以传染似乎有些不可思议，但确实是一条被科学家证实的规律。这就是"三度影响力"产生的影响，其实质强调了人脉关系和人际交往的重要性。它之所以存在，就源于人与人之间具有模仿的倾向，而这种倾向又大多是无意识的，你在不知不觉中就有了行动。比如，我们无意间养成的口头禅，多数可能都来源于你身边家人或某个朋友的影响。还有，你宿舍里的人学习都很勤奋，那么你也会更勤奋，所以我们经常看到同一个宿舍的几个人都很优秀；相反，一个宿舍的人懒散，你想勤奋可能都勤奋不起来。这也说明，离我们连接越近的人对我们的影响就越大。

从连接力的角度来看，你身边的朋友不仅影响着你的一些行为习惯，还影响着你的价值。你的朋友连接的高价值关系越多，也决定着你的价值越高；而如果你的每一位朋友都连接着某一类资源的核心人物时，那你就具备了成为超级连接者的潜力。简而言之，你的朋友，乃至你朋友的朋友，都影响着你的连接质量以及个人价值的大小。

所以在社会网络当中，想要构建更强的连接力，只依靠固定的强连接关系显然是不够的，还必须不断扩大自己的人脉网，善于运营你的弱连接关系，逐渐将弱连接关系转变为新的强连接关系。尤其在当下这个信息膨胀的加速交换时代，互联网的普及固然减少了信息的不对称性，但同时也带来了见识、能力、信用以及情感等方面的不对称。这些不确定性就会推动着人们不断去提升自身的能力和价值，在这种情况下，我们的强连接关系就会不可避免地出现更迭，这也是现实中很残酷的一点。除非你的人脉圈中强连接的人都是成长速度很快的人，你们的平均成长速度超越了时代发展的平均发展速度，否则，你的人脉圈就必须不断更新。所谓"人往高处走，水往低处流"，真正优秀的人都懂得不断更新和优化自己连接圈层的重要性。

那么，我们要怎样让自己融入更高级的圈子，并在其中发挥价值呢？我认为你首先应该考虑清楚三个问题，这也是你与任何一个圈子建立连接时的认知框架：

我加入的这个圈子有多大规模？

我希望与圈子中的人保持怎样的亲疏远近度？

我希望自己能成为其中的焦点，还是怎样的一个角色位置？

一般来说，你加入的圈子越大，认识的人就越多，你的连接能力就越强；但同时，你要运营好与圈子里的人之间的关系，还必须能够提供价值，成为一个有价值的"给予者"，否则其他人很可能没兴趣连接你。再者，你要想成为其中的焦点，成为"中心度"人物，那么你连接的节点就要更丰富。

在《人类网络》中，作者提到了一个概念，叫做"中心度带来中心度"。乍一看好像挺绕，其实就是赢家通吃。你的人缘好，别人愿意与你连接，你的人缘就会更好；你受到的关注多，人们愿意关注你，你的关注度就会越来越高。人类网络本来就是在不停生长的，节点之间也在不断建立新的连接，这些连接不是随机产生的，它们都有一定的选择性。所以，如果你的中心度越高，你就越容易获得优先连接的机会。

这里需要注意的是，如果你朋友的朋友、你的朋友，你们的人脉圈相似度越高，你们的连接关系就越紧密，传递的影响也越强。但由于彼此之间的相互作用力大，这样的关系也越脆弱。在这种情况下，你尤其要注意自己的个人品牌在这种强连接关系中的维护。俗话说，"好事不出门，坏事传千里"，一旦出现不利于你的流言，就可能会很快传播到整个圈子当中。

因此，在"三度"以内，你有必要把握好自己人脉圈中好友的高传递性与低传递性的平衡。前者能让你享受到群体的稳定性、一致性和更多的快乐，但同时也可能会有让你的思维闭塞甚至封闭的风险，所以你需要更巧妙地经营具有高传递性的关系。后者则让你不得不花费更多的时间去刻意维护，因为这属于弱连接关系，一不留神关系就断了，但它却能让我们与这个世界的连接更广、更深，是我们思维流向远方的出口。

4.5 多重网络：最佳策略是做一个穿越者

现在前往大城市打拼的人越来越多，不管是在大城市中毕业的大学生，还是大批农村进城的务工者，大家都认为大城市机会多、资源多，可以获得更好的发展。但与此同时，大城市的竞争也更激烈，尤其那些早已在大城市中站稳脚跟的领先者，更是占据了大量的机会和有利资源。在这种情况下，作为后来者，你打算如何突破重重阻碍，在城市网络中寻找到可连接的有价值的节点，获得丰富的资源和自我发展呢？

回答这个问题之前，我们先来看看美团当时是怎么发展起来的。2010年，美团成立，主营团购业务。在这之前，大众点评已经出现了7年，其他团购网站也先后涌现，美团在这些竞争者当中毫无优势。那么作为后来者的美团，是如何突破重围的呢？

这要得益于美团CEO王兴的眼光和直觉，当时所有的团购网站都在砸钱搞实物促销，而刚刚成立的美团做不到这样财大气粗地砸钱，于是王兴反其道而行之，不做实物团购，专攻服务类的团购，拓展线上的流量，美团由此也开启了O2O模式。再后来，美团又开启了外卖服务，并与大众点评合并，成为行业的领跑者。

美团的成功其实就提醒了我们，如果有利的位置或资源已经被瓜分得所剩无几了，那我们该如何去寻找自己的机会呢？很显然，想在原有的网络中取得领先很难，那就要学会穿越整个网络去寻找机会。美团就是从实物团购穿越到服务团购，再发展到外卖服务，在这样的纵深结合下，才找到了自己的最佳位置。

实际上，不论是个人还是公司，在社会网络中从来就不只有单一的网络通道可以利用，大家都处于多个网络之中，并且这些网络的相对重要性也在时刻发生着变化。比如说，我们上学的时候，主要连接的是同学网、校园网或者各种招聘网，但走上社会后，主要连接的就是成了与工作相关的社会网络了，如同事网、朋友网、社区网、学习网、社交网等。

在网络科学当中，这种现象叫做"多重网络"。简单来说，任何一个网络的价值都会随着时间的变化而变化，并且从长远角度来说，任何一个网络的价值回报率都会逐渐下降，所以我们不可能一直在某个网络中占据优势地位或"中心度"地位，必须随时进入新的社会网络中去建立新的连接。但当我们以一个后来者的身份加入到新的网络中时，肯定会很难或者根本就没机会占据该网络中的核心地位。在这种情况下，你要在该网络中立足，就要重新切换出一条赛道，在新的赛道中建立自己的竞争优势，取得先机。

大家应该都看过《水浒传》，宋江在上梁山时，梁山已在晁盖的掌握之下，宋江想重获梁山的掌控权肯定不是件容易的事。那宋江是怎么做的呢？他没有直接与晁盖的"生辰纲元老网"死磕，而是在山上慢慢建立自己的新网络，先是建立了"嫡亲网络"，拉拢花荣、王英、戴宗、李逵等人；接着积极建立"朝廷降将网"，把呼延灼、徐宁、关胜等人收入自己的麾下；随后，他又将鲁智深、杨志、武松收入自己的网络当中，逐渐建立起了属于自己的强势网络。除此之外，宋江对弱势网络也没忽略，在梁山排行比较靠后的时迁、白胜等人，原来的"元老网"看不上他们，宋江也积极笼络。最后，宋江还将富豪卢俊义引入自己的网络当中，大大地增强了自己的网络实力。

至此，宋江的多重网络建构完成，胜局已定。晁盖已经无力回天，哪怕最终留下遗言，不想传位给宋江，却也是心有余而力不足了。

所以说，想要在多重网络中获得成功，不是要后来居上，与网络中的领头羊争夺领导者位置，而是要做个穿越者，实现网络切换，在新的网络中占据优势地位，实现突破。

那么具体该怎么做呢？

第一，认清自己的优势和局限。

我们每个人在切换网络，进入一个新的网络时，都要先考虑自己的身份标签，这个标签就是你的优势，但同时也是你的局限。拿我自己来说，我是学编辑出版的，这个专业的标签感非常强，很难进入其他行业。我之前很想做房地产行业的工作，但没有合适的敲门砖，所以后来就放弃了。其实现在想来，如果一定要找一份跨行的工作，完全可以在新的网络中学着去切换，从新的切入点去尝试。

在这一点上，"得到"创始人罗振宇就做得很棒。他原本是在学校里当老师，后来到央视任职，再后来自己创业。在这个过程中，不管是在优酷上做视频节目，还是后来创立的"得到"APP上线，每一次过程的转变都在超越自己的局限，利用自己的优势从一个旧网络穿越到一个新网络。在这个过程中，不仅自己的能力和价值在不断提升，自身的连接力也在不断增强。

第二，不断放大自己的个人价值。

在我们的职业经理研修班中，有一位基层的职业医生。他说感觉现在的工作就是按部就班地进行，没什么意思，人生似乎一眼都能望到头，也没什么机会升迁、加薪。因为他的职业的特殊性，也很难在其他行业中找到发展机会，所以就请我们帮他分析一下，要怎么才能突破当下的状况，获得职业上的转变。

其实在我看来，他只是低估了自己的价值，将自己思维局限在自己所在的社会网络中了。不知道大家是否了解"飞轮效应"，为了让静止的飞轮旋转起来，一开始你必须用很大的力气，一圈圈反复地加力去推，每转动一圈都很费劲。但是，你转动的每一圈都不会白费，因为飞轮会转动得越来越快。当达到一个很高的速度后，飞轮所具有的动能就会非常大，你想让它短时间内停下来都不可能。

同样，如果你能主动通过更多的尝试去不断放大自己的价值，不管是在自己的本职中实现突破，还是直接切换到其他的行业网络中，都能够寻找到更多的机会和资源。

总而言之，世界是动态的，每一次技术和网络的变迁，其实都是上天发的新牌，强的会变弱，弱的也会变强，关键就在于你是否能及时连接到网络中新的节点，获得多重性的资源，时刻提升自己在不同网络中的核心竞争力。

05

协同力：不是你能指挥多少人，
而是多少人愿意与你合作

　　我们常说，互联网上半场的主题是建立连接，属于连接的基础设施搭建；而互联网的下半场是连接效能的提升及连接结构的优化。在这种大趋势下，个体就会从宏观走向微观，在连接中以"点"的方式崛起，从而构建一个协同共生的时代。而要想在这个时代里获得成功，关键不在于你能指挥多少千军万马为你前仆后继地奔赴沙场，而在于有多少人愿意、并有能力与你为了共同的目标齐头并进地勇往直前。

5.1 通过主动连接创造可持续的被动收入

每个人从生下来开始就在不断地与外界连接：与父母，与亲人，与朋友，与同事……随着生活环境的不断改变，这种连接也越来越频繁、越来越重要。

但是，所有的连接都有一个共同的特点，即所有的被动连接都源自你的"被需要"，而所有的主动连接，出发点则是"你需要"。说得直白一些，你之所以被别人连接，主要是因为对方觉得你有价值，他需要你的价值，所以愿意来连接你，跟你合作。不过，这种坐等天上掉馅饼的被动连接机会并不多，因为很多被动连接的背后都隐藏着很多的"我不想"，一旦这种观念跳出来阻止你，你的个人价值就可能被掩盖、被埋没，你也会因此而失去很多好的机会。

拿我身边的一位老同学来说，我们每次见面，他都会有意无意地提起第一份工作，每次都感慨万千，充满怀念之情。他声称自己特别喜欢那份工作，但三个月的试用期还没过，他就被辞退了。明明自己能力不错，为什么就被炒了鱿鱼呢？这是他至今都不理解的地方，多年后仍然耿耿于怀。

我也向他问及了具体的经过，他跟我说是因为自己性格内向，一进公司就埋头工作，很少跟公司里的同事交流，平时也只跟一个比他进公司稍晚些的同事一起吃饭。但一个月后，这位新同事就不怎么跟他一起出去，而是选择与后面新来的同事一起了。直到离职，他也不清楚那位同事态度变化的原因。

听了这个故事，大家可能会为我这位老同学的行为发笑。其实在我看来，他当时的行为就是"我不想"的心理在作祟：因为不想跟同事沟通，所以就不去沟通；因为不想弄清原因，所以至今也不知道那位同事为什么不理他了；因为不想问，所以不知道公司为什么会辞退他……所有这些行为以及结果，其实都源于他习惯了将自己放在一个舒适区，不愿意走出来，结果切断了与外在的连接，也切断了自己的资源和机会。

实际上，不管作出任何选择，我们都相当于选择了一份挑战。所谓"逆水行舟，不进则退"，如果总是沉溺于眼下的舒适区，就会像温水煮青蛙一样，在不知不觉中毁灭。

所以我们要意识到，其实做让自己不舒服的事，往往也是成长的契机；只有逼着自己从"我不想"的固有思维里跳出来，用"我需要"的主动思维挣脱自己现有的人脉圈，去创造机会，建立连接，才可能突破自我，获得更多的发展契机。因为新的资源、新的人脉、新的视野都在圈外，只有接触到更广阔的圈层，你才能接触到更多的信息和资本，提升自己的能力与视野。更重要的是，当你具备足够的价值后，你的人脉网络不仅会扩大，还能为你创造出更多的、可持续的被动收入。

2002年，还是一名浙大计算机系学生的黄峥，在上网时无意看到有个陌生网友在求助一个关于计算机技术方面的问题。而这个问题黄峥刚好能解决，于是他主动联系这位求助者，帮他解决了问题。这个求助者非常感激，此后两人就成了网友。

这位陌生的网友名叫丁磊，就是网易的创始人。经过几次联系后，丁磊很欣赏黄峥，又主动把自己的一个朋友介绍给黄峥，这个人名叫段永平，就是步步高的创始人。后来，段永平成了黄峥人生路上的引路人，多次助力和扶持黄峥。在黄峥创立拼多多后，段永平不仅出钱投资，还多次出谋划策，为黄峥指点迷津，在一定程度上助力了黄峥的事业。

这就是机会的主动连接反馈。当你能自发地与人连接、寻找各种机会时，你也会获得机会带给自己的回馈。

那么我们要怎样构建主动连接呢？我有三点建议，供大家参考：

第一，自身要有过硬的本领。

俗话说，"打铁还需自身硬"。你没有真本事，即使主动去连接别人，也不能为对方提供什么价值，对方当然也没有与你连接和合作的欲望。我们要明白，关系不是救命稻草，它只是助推力而已，在此之前，我们要不断沉淀自我，提升实力。就像黄峥一样，在主动连接别人时，自己要能够为别人提供帮助、提供价值，这样你的主动连接才有成功的可能。

第二，随时随地把握信息。

要走出舒适区，进行主动连接，就要随时随地关注各种信息，包括校内外或公司内外的活动、微信群、客户群、各类网站等，寻找一切机会建立弱连接关系。我们不能总是被动地等着别人给我们介绍，而是要主动出击，去寻找那些藏在冰山之下的机遇。

第三，努力构建从串联到并联的人脉蜂窝网。

斯坦福大学曾经做过一个调查研究，发现一个人赚的钱只有15%来自于知识，而85%都来自于各种关系。这一点其实与我们熟悉的"二八原则"很相似，即20%的人脉会给你带来80%的价值。

那么在你的人脉当中，能为你带来80%价值的20%都是谁呢？是你最亲密的人，你身边最有钱的人，还是地位最高的人？

都不是，而是那些与你建立了连接、能与你实现合作共赢的关系网中的人。要构建这种关系网，除了主动出击外，我们还要善于在其中打造人脉蜂窝。

什么是人脉蜂窝呢？

它与我们前面介绍的"结构洞"很相似。举例来说，假如你认识5个人，这5个人彼此互不相识，你就是这个网络的中心。如果你介绍这5个人彼此认识，那么你们6个人就构成了一个彼此连接的网络关系，这个关系结构就是人脉蜂窝结构。在这一网络模式下，你的朋友们会彼此交流、沟通和合作，你们的网络就是一个并联网络，即使其中某些环节出现问题，整个系统仍然有其他渠道可以正常运作。同时，你们彼此之间提供的新信息、碰撞出来的新想法，以及构建出来的新联系等，也会因为彼此的连接而迅速传递给你，从而增加你的信息量，增加你的被动收入，为你带来更多的成功机会。

5.2 打破圈层壁垒，提升协同力

　　我有个朋友，是一家金融机构的产品经理。两年前，他做了个短期小额贷款产品，推出后，每天大约有三四百万人在他的平台上申请贷款。在处理这些贷款申请时，公司通过大数据去审查筛选，最后给其中三分之一的人放款，放款额度基本都在200~1000元之间，贷款周期大约是两周到两个月。

　　很多人可能难以理解，200块钱还值得去申请贷款吗？我开始也这么认为，但他告诉我说："这就是圈层的不同。你可能觉得不可思议，但这样的圈层却真实存在。"而且他还告诉我，如果观察一下这些申请人的关系链就会发现，差不多在同一时间，他们的整条关系链都在申请贷款。之所以出现这种现象，是因为多数人离发工资还差一两个星期，但实在撑不下去了，身边的人几乎都在借钱，没人能有多余的200元借给他，这时他就只能通过这种小额贷款来解决自己的燃眉之急，而朋友的产品刚好就满足了这部分人的需要。

这件事让我颇有感触，原来还有很多自己不知道、不了解的东西。事实也的确如此，每个人的生活圈子都不同，甚至完全隔离，这就是圈层与圈层之间的壁垒。

但是，生活在飞速发展的网络时代，很多时候我们都不可能完全独立地去完成一些事情，必须与他人进行连接、协作。有时即使你对某个行业、某个圈层完全陌生，也可能因为工作关系不得不深入了解。这时，我们就必须打破圈层的壁垒，主动去学习和探索，与另外圈层中的行家建立协作关系，提高彼此的协同力，共同完成某项目标。

著名领导力大师诺埃尔·蒂奇曾将人的技能分为三个层次，最里面的为"舒适区"，在这里面最有安全感和掌控感，所以也最舒服；中间为"学习区"，具有一定的挑战性，虽然学习的过程可能有些不适，但还能应付；最外层为"恐慌区"，这一层的事情几乎都超过了我们的能力范围，因此令人非常难受甚至崩溃。这个"恐慌区"对于我们来说其实就相当于另一个圈层，你对它几乎完全陌生，不熟悉、不了解，更无法掌控。

那么，如果我们必须进入这个圈层，并与其中的人构建连接，该怎么做呢？

这让我想起几年前看的一部法国电影，名字叫《无法触碰》，是由一名法国富翁的自传《第二次呼吸》改编的。影片的主角之一是一位富有的贵族，名叫菲利普，他在一次事故中失去了双腿，只能坐在轮椅上生活，这让他一度十分自卑。因为生活无法自理，家人就给他请来一个黑人护工，这个护工名叫德瑞斯，是个刚从监狱里放出来的青年。应该说，青年并不适合这份工作，因为他不但语言粗俗，还总想勾引菲利普的女助理。但青年也有个优点，就是说话做事很实在，他鼓励菲利普把自己当成一个平凡人，勇敢地走出自己的世界，多与外人接触，不要因为自己的残疾就切断与外界的连接。结果，两个出于不同圈层的人最终在彼此的身上都找到了自信，还结下了深厚的友谊。

我们经常听人说"圈子不同，不必强融"，指的是不同圈层的人之间都习惯性地设置一些无形的屏障，这些屏障就像一座高墙，将不符合圈层标准的人隔离在外。但是，未来的种种发展机会一定是出现在连接上的，而连接的首要任务就是打破圈层的壁垒，与不同圈层的人互相协作，这样才能整合更多的资源，为己所用。

如何打破圈层的壁垒呢？我的建议是采用六度分隔理论，前文已经有了详细的介绍。"六度分隔"的重点不在于"六"

这个具体的数字，而在于这种现象背后所反映出来的两个重要特性，即发散性和聚集性。发散性不难理解，你要与更多的人建立连接力，就必须扩大自己的社交范围，结识更多的人。但如果只关注发散性也不行，比如你的微信里有一万个好友，但其中没有几个人认识你，甚至连你是谁都不知道，你也不知道从哪儿加了这么多人，不清楚他们都是做什么工作的，这同样是没用的。你还必须学会聚集，也就是与这些人之间逐渐建立起一种弱连接关系。正是这种弱连接关系中的人脉，才会在不同的圈子之间搭起一座座桥梁，帮我们拉近社会网络中人与人之间的距离。这样一来，我们的社交网络就既有了一定的发散性，同时又有着有效的聚集性。

当然，六度分隔理论只是一种客观的理论，要实现的话，我建议从下面几方面入手：

第一，丰富自己的社交范围。

不管在任何时候、任何情况下，社交的丰富性和多样性都是构建连接力的基础所在。幸运的是，在网络社交工具高度发展的今天，要做到这一点并不难。但怎样判断自己的社交资源是不是有效呢？很简单的方法就是问问你自己：

如果要你做一些与自己专业和职业不相关的事，你能找到合适的人来跟你合作，帮你一起完成吗？

与自己的专业和职业不同，但又有合适的人与你一起协作完成的事情，你能想出几件？

在这两个问题中，你能想到的人越多，能够想到的事情越多，说明你的社交范围越广，你的社交资源也越丰富。相反，如果除了专业和职业之外，你几乎就不认识什么人了，那么很遗憾，你可能已经被单一的圈层同质化了。

第二，分析自己的资源。

假如你的社交资源够丰富，那么接下来你就要认真分析一下你拥有的这些资源，先把这些资源归纳成不同的圈层，然后对他们进行分析。

怎么分析呢？很简单，就从三个方面入手：

他们都是谁？

他们可以提供什么？

他们需要什么？

这样的分析只需细化到每个圈层即可，不一定要细化到每个个体，但对圈层的分析和定位越准确越好。比如，你要定位一个股票社群，那就太粗略了，但如果改成股票分析社群，就会显得更准确。因为只有定位准确，你才能更明确"他们能够提供什么"以及"他们需要什么"这两个问题的答案。

第三，匹配资源，构建协作力。

当你把自己人脉网络中的资源分析完成后，接下来就要打破各个圈层的壁垒，实现资源的匹配。现在，你的人脉网络就像一个个单独存在的圈层，你要做的就是利用六度分隔理论一点点拆除这些圈层之间的壁垒，让圈层之间的信息和资源流通起来，使彼此之间产生互联，形成利益联盟。通过这样的资源再生，能够实现更多的连接与协作，与他人共享到丰富的资源和信息。

5.3 情绪协同：协作依赖于"感同身受"的能力

在任何连接关系中，彼此谋的往往都是资源、利益，一个人、一个企业不会平白无故地来连接你。如果主动寻求合作，理由不外乎两个：要么你对他们有价值，能为他们带来更多的资源和物质利益；要么你很有魅力，能够吸引对方自愿地与你合作。前者出于功利，更多的是彼此间的"利益之合"；后者则源于你的综合素养和个人魅力，如精神高尚、有能力、品行好等，能让周围的人感同身受、心情愉快地沐浴其中，这是促成连接与协作的情感粘合剂。所以，别人愿意与你连接、与你合作，除了"利益之连"，还有"魅力之连"。

这其实是一种生态的连接思维。不管是企业还是个人，在对外连接的过程中，都是既想要物质利益，又想最大可能地减少精神影响，必要时甚至会舍利取情。所以在此过程中，情绪、情感等因素就显得十分重要。

我们常常觉得情绪是自己的事，我有情绪跟你没关系，其实不然。情绪具有群体性，因为人的天性和本能就具有情绪模仿能力。从出生那一刻开始，我们就会与父母、家人之间彼此产生情绪影响，所以如果你仔细观察的话就会发现，当父母开心时，孩子就会表现得很开心，并且乐于合作；相反，当父母情绪不好时，孩子的情绪也会受到影响，变得紧张、害怕，或者暴躁、不肯合作。这就是因为情绪会互相传染，身边人的情绪会直接影响我们的情绪和行为。

以此类推，在人际关系中情绪也会互相影响。比如，你的老板早晨在家里跟太太闹了矛盾，气呼呼地来到公司，然后跟你要昨天的项目方案。这时哪怕你的方案中稍微有一点让老板不满，老板都可能借机跟你发一通火，批评你一顿，而平时他可能简单提醒你两句就可以了。被老板莫名其妙训一顿，你的情绪肯定会受到影响，内心感到很委屈。在这种情况下，你的合作意愿就会降低，老板再跟你说什么，你也不会心甘情愿地配合了。

所以，在人与人之间，只要想建立连接力，彼此的情绪就一定会相互传递，甚至会出现强化和一致性的反应。不管是你遇到开心的事，还是遇到沮丧的事，你身边人的表情、状态和行动反应都会产生一定的相似性。这种情绪反应的本能也是人类基因进化的财富。

　　既然如此，我们在与别人连接、协作时，就必须注意情绪带来的影响，学会与对方感同身受，理解、接纳对方的情绪。只有当你能与对方实现"共情"时，对方才会启动合作思维，与你建立连接，实现从对立到合作的转变。

　　《大连接》一书中提到：每一个快乐的朋友，会让你快乐的概率大约增加9%；而每一个不快乐的朋友，会让你快乐的概率减少7%。这其实也说明了为什么商场服务员的微笑能让你心情变好，并让你更乐于购物的原因所在。

　　正因为情绪在连接和协作过程中的重要性，才产生了"心理学"这门学科，它影响着我们生活和工作的各个方面。而在这个过程中，谁拥有更强的同理心，能够有效地洞察人的心理、情绪和情感脉络，通过共情做到与对方"感同身受"，谁就能更好地在一切社会连接中取得优势。

　　那么具体来说，我们应该怎么做，才能真正实现情绪协同，与对方"感同身受"呢？

　　第一，不要时刻只关注自己的需求。

　　你只有不把自己的需求当成唯一，才能看到别人的需求。相反，如果你的眼中只有自己的目标，一切连接也完全基于自己的需要，那么你就会将对方的情绪和需求当成实现自己目标的"绊脚石"。在这种情况下，你肯定无法与对方感同身受。因为你完全是站在一个索取者的角度与对方交往，丝毫不为对方提供价值，这样的连接是不可能长久和牢固的。

所以，我们就要学会看到别人的需要，站在对方的角度看问题，感同身受地想一下：如果我是他，我的感觉怎么样？站在他的角度，我现在需要什么？

比如一个成功的销售员和一个卖不出货的销售员，两个人谁卖货更多？肯定是成功的销售员。那么他们两个谁遇到的困难和挫折更多呢？肯定也是成功的销售员。在与客户交往的过程中，他遇到的问题越多、挑战越多，他调节情绪的能力也越强，由此也会主动思考客户到底需要什么样的产品、期待什么样的服务。只有当他真正走进客户内心，与客户实现情绪协同，才能了解到客户的真正需要，继而成功地与客户建立连接，成功销售。

那么失败的销售员会怎样呢？当被客户拒绝后，他可能有两种选择：一种是心灰意冷，质疑自己的能力；另一种是抱怨客户，认为客户太难伺候，不配合自己工作，然后自怨自艾，认为工作太难做。这种完全站在自己角度看问题的方式自然难以与客户感同身受，也难以与客户建立连接。

第二，学会读懂对方的面部表情与肢体语言。

面部表情与肢体语言是传播情绪和感知情绪最重要的反

射区，不但代表一个人对外部世界的直接感受，还是一种与他人沟通的有效方式。知道这一点，大家也就能理解为什么这些年畅销的 FBI 读心术、微表情识人等相关的书籍、音视频节目、课程等那么受欢迎了。可以说，读懂对方的表情符号与肢体语言，是你与对方实现情绪同步与共鸣的关键环节，只有通过表情、肢体语言摸清了对方的情绪变化，你才能进入情绪传染、影响对方行为、达成自己目标的过程。

第三，用"描述对方问题＋接纳对方感受＋询问对方方法"的方式与对方沟通。

在很多时候，你在与别人沟通时可能弄不清对方的情绪，这也没关系，只要你有协同思维，想要了解对方的感受，就可以采取"描述对方问题＋接纳对方感受＋询问对方方法"来与对方实现共情，进行深入沟通。

比如，当你拿着自己的策划方案交给客户时，客户沉默不语，显然不是完全认可。这时，你就可以这样说："这个方案已经修改了三次，后天即将定稿，您肯定也很着急吧？我知道您对质量要求一向很高，但现在时间确实很紧张，请问我们有什么更好的建议或方案吗？"这样一来，对方就会清楚，你很理解对方的感受，你也很愿意与对方合作，大家只有协同起来，才能探讨出更完美的方案或创意。

　　由此可见，要想让连接的价值最大化，就需要有情绪连接的辅助。在现实生活中，我们经常会遇到这种情况，就是你明明讲得很有道理，可对方就是听不进去，也无法建立有效连接，为什么呢？因为人们虽然靠理性来认知世界，但却是依赖感性来连接世界。就像很多合作的人，有时看重的可能不是彼此获得的利益，而是感情。如果双方合得来，哪怕获利少一些也心甘情愿。所以，善于共情，具有同理心，在人与人之间的连接与协作中至关重要，这就像价值观传播用的都是朗朗上口的金句一样，目的就是为了要让每个用户都能设身处地地感知到情感，比如被理解、被包容的渴望，或者归属感、参与感、满足感等。

5.4 合适的事情找合适的人来做，才是最高效的协作

有一部电影，叫《中国合伙人》，主要讲的是三个年轻人从学生年代相识、相知，后来联手创办了一所英语培训学校，最终实现梦想的故事。

这部影片其实就反映了互联网时代的一个发展需求——合伙人机制。实际上，现在就是一个"合伙人"时代，不管是在劳动力领域，还是在智能领域，连接与协作已变得越来越重要，干事业也好，做企业也好，单打独斗早已行不通，你必须寻找互补的"合伙人"跟你一起闯天下。比如现在的互联网创业、IT行业、投资管理领域、设计领域等，如果不跟人"合伙"，不懂连接资源，不搞平台化和生态化组织，都不可能做成大公司。拿硅谷来说，硅谷中任何一家初创公司的建立和发展，至少需要12种类型组织的协作和帮助，包括大学、企业、研究实验室、风险投资机构、律师事务所、投资银行、咨询机构、公共机构、媒体等。每一个组织都为公司

发展做出了不可或缺的贡献，推动着公司向前行进。

也就是说，一个企业的兴起将会连接很多企业的发展，从而形成了一种你中有我、我中有你、彼此需要、紧密相连的命运共同体。对于我们个人也同样如此，你要做一件事、要完成一个目标，也必须协同他人，结成盟友，才有可能在更高的起点上获得更长久的发展优势。正因为如此，我经常跟朋友们说："商场并非如战场，同行也不都是冤家。"

那么，我们怎样去与别人实现有效的合作呢？是不是自己遇到麻烦时，直接从认识的人中拉出一个人来帮忙就行？

当然不是。俗话说得好，"找专业的人，做专业的事"。一般在寻求"合伙人"、同盟者时，你可能会先从自己的强连接关系中寻找，但这并不代表弱连接关系中没有更合适的。很多时候，能与你最终结成"同盟战友"的往往都出自于你的弱连接关系，他们可能比你强连接关系中的人更适合合作。这也说明，只有找到合适的人来做合适的事，才能形成最高效的协作，达到最优的结果。

乔布斯和史蒂夫·沃兹尼亚克共同创立"苹果"品牌，就堪称是一个完美的协作。乔布斯是个营销大师、商业天才，同时也懂产品设计，头脑中充斥着各种各样的奇奇怪怪的想法，但他欠缺技术方面的专业知识，急需一个技术专家来跟自己合作。于是，他找到了自己在一次聚会上认识的一位计算机天才——沃兹尼亚克，立邀他与自己合作。沃兹尼亚克毕业于美国加州大学伯克利分校，是计算机硬件方面的技术专家，在技术开发方面的造诣可谓炉火纯青。乔布斯找沃兹尼亚克合作可真是找对了人，因为沃兹尼亚克能非常恰当地将乔布斯头脑中那些石破天惊的想法和用户体验构思，通过自己高超的技术变成客户面前实实在在的产品。

所以说，创业也好，守业也罢，要获得成功，有所收获，合作伙伴的选择真的非常重要！

那么如何找到合作伙伴呢？在合作过程中，我们又如何实现最大化的收益呢？我有以下几点建议供大家参考：

第一，通过"全局观"找到自己的"生态位"。

什么是生态位？简单来说就是指在一个生态系统中，你能找到一块真正属于自己的位置，而不是盲目地扩大战线，甚至去跟你的合伙人争名夺利。

很多精明能干的企业主管，平时并不是全天都在办公室处理公务的，虽然在公司的时间很少，但各项业务仍然能井井有条地进行，营业额也没受到影响，为什么呢？原因就在于他们能站在一个全局的视角去看问题，然后再把恰当的业务分配给最恰当的人做，自己的任务就是从公司的全局入手，做好整体决策，而不是事事亲力亲为地一个个指导员工该怎么做。这就是一种科学、有效的协同，每个人在自己的位置上做好自己的事，整体上又互相连接、彼此协作，最终实现共同获利。

第二，提供"价值感"，让对方知道为什么要做，而不是该怎么做。

《道德经》中有一句话，叫"欲上民，必以言下之；欲先民，必以身后之"。什么意思呢？意思是说：你想让自己处于一个比普通人更高的位置时，就必须在语言上把自己放在一个更低的位置上；你想要站在普通人的前面时，就要把自己的利益置于他们之后。

听起来似乎有点荒谬，但恰恰是这种迂回的方式才能让我们获得更多的优势，这种优势就是生态优势。

说起三国，大家可能都认为刘备的江山是"哭"来的，为什么这么说？就因为他精准地定义了自己的生态位，然后搭建出一个大平台，就是"匡扶汉室"。搭建好这个平台后，刘备就有了"身价"，也就是"价值感"，这时自然有很多想要匡扶汉室的人来连接他，跟他合作，这样刘备就有了帮手。但刘备还有个优点，就是语言很谦卑，给人一种很乐于结交的感觉，而且自己不擅长的地方也从不随便插手，仗着自己领导者的身份去强行干预，而是鼓励手下人去做，他只需在背后用"哭"的方式来激励大家就行了。在这种前提下，哪怕组织遇到再大的困难和挫折，手下人也会动用自己的生态优势去解决问题。

这就相当于放低了对手下人的具体要求，却给了他们很大的权利和竞争优势，通过这样的方式，放弃一部分利益，为自己构筑一个特殊的生态位，使别人难以进入，而自己也不会轻易进入别人的生态位中强行干预。这样一来，大家关注的就是如何做大共同的事业，做大整个市场，而不是如何让自己获得更多的权利、更多的份额，也就是大家都知道为什么而做，而不是应该怎么去做。

事实上，在连接他人、寻求合作的过程中，我们要关注的是如何营造自己的生态优势，而不是如何成为主角，随时去控制、指挥他人。合作系统中的每个人都不过是网络中的一个节点，不是统领所有节点的"巨无霸"。你只有让合适的人来做合适的事，才能实现最高效的协作，为共同的利益做加法。

5.5 培养"未来思维"，抛弃短期行为

如果你去过国外的迪士尼乐园，就会发现一个细节：在入园的时候，工作人员会发给你一个魔法手环。之所以称这个手环为"魔法手环"，是因为它能满足你在园区内的所有需求：既能当门票，又能定位你的位置，还能让你优先使用园区内的设施设备。更神奇的是，在园区中扮演迪士尼角色的演员还可以通过手环喊出你的名字，与你进行各种互动，等等。可以说，迪士尼利用这只手环为游客创造了非常特别的专属游览体验。

事实上，迪士尼这只手环的真正价值并不止于此，《哈佛商业评论》曾专门就这只手环作出了评价，认为这只手环的真正价值在于它在企业与客户之间搭建了一条全方位连接的桥梁，开创了一条全新的企业与客户之间的连接策略，这种策略不但提高了服务效率，还在企业与客户之间形成了一种前所未有的长期、深度连接关系。

试想一下，当游览结束后，游客除了能记住迪士尼内的设施和活动，还有什么能让他们记忆深刻的呢？就是这个神奇的"魔法手环"。回想起来，他们就可能再次游玩，或者推荐给朋友。如此一来，迪士尼就可以获得长期的效益，而不是只跟游客进行"一锤子买卖"。

不管是企业还是个人，对资源连接能力的培育其实都是一种特殊的未来投资，现在蓄势，以图未来爆发。这种投资之所以特殊，就在于它并不是大家广泛认同的"连着钱"，主要在于"连着心"，其重点在于持续地积累优势，不是短期的一蹴而就，也不是一劳永逸。只有在连接过程中不断投入和坚持，未来才能获得相应的回报。

但在现实生活中，我们却发现持有短期思维的例子屡见不鲜。比如，有人因为跟自己的老板闹了点儿小矛盾，一气之下离职了，那么当他去下一家公司，该公司在做背景调查时，他在前公司的表现就可能影响他正常入职；还有些人，在公司里见风使舵，缺乏原则，看谁吃得开就跟着谁，最后可能只会落得个"竹篮打水一场空"的下场。这些都是缺乏长远规划的短视行为，其结果只能是搬起石头砸自己的脚。

腾讯创始人马化腾曾说："腾讯只做两件事，一是做好内容，二是做好连接。"可以预见，未来的机会一定是出在连接上面。在这种大趋势下，我们就不能只看眼前的短期利益，更要培养"未来思维"，以更好地连接未来。并且，未来的工作也将会更多地以协同合作的方式进行。在过去的资本经济的时代，我们工作的地方是固定的、内容是固定的，因为人都需要被管理。但在未来的创造力时代，你要想获得发展，不光要依赖管理，还要依赖自我驱动。拿硅谷来说，其中的企业和员工就有很大的自由，你可以选择跟谁一起工作、加入哪个项目，以及在哪里工作、什么时候工作等。而且未来对人才的需求越来越多，你能选择的工作也越来越多，过去的雇佣方式很可能会发展成为合作方式。也就是说，今后难以雇佣到合适的人才，除非你与他合作。所以，未来我们每个人都需要重新定义自己的努力方向，即从创造连接的网络到成为网络连接的中心，打造自己的个人IP，吸引更多的资源前来连接，协同发展。

如何做好这一步，培养"未来思维"呢？我的建议是：

第一，强化自己的知识、才华和技能。

不论在任何时候，知识型的人才都会受到重视，你能为别人提供价值，就能构建更强大的连接力，也会有更多的人愿意与你合作。这就要求我们必须不断强化自己的知识、才华和技能。

我们所熟悉的"罗辑思维"，在短短两年内就达到了几百万粉丝，B轮估值达到了13亿多，为什么？因为"罗辑思维"的定位就是"知识服务商"，将知识变成大众消费品，同时又将大量优秀的知识拥有者推到"台上"，让他们成为知识的生产商。

在这种情势下，越来越多的年轻人开始拼知识、拼才华、拼人脉。而未来，这些也必然变成他们的个人品牌和标签，伴随着他们能力、经验与思想输出，使他们在网络世界中拥有多重的职业和身份，吸引更多的资源连接与合作机会，并在其中获得更多的主动权。

所以说，现在打造和包装自己已不再是网红和营销专家的事了，它将是以后整个社会体系中必修的一种生存技能。

第二，构建强大的"协同效应"。

互联网的上半场我们正在经历着，其中最大的生意就是链上的生意，也就是打造连接的基础设施，垒平台、造系统、建生态等。其特点是各个平台商的生意做得都比较"大"，像阿里巴巴、滴滴、美团等都属于超级平台。但下半场，也就是未来，连接将会出现效能的提升和结构的优化，个体连接将在其中以"点"的方式崛起。

那你可能会问：未来是不是又回归到了个人单打独斗的

时代呢？

当然不是。我们不但不能再单打独斗，还必须连接更多的点来形成"协同效应"，共同完成某项事业。阿里巴巴集团学术委员会主席曾鸣就曾提出，未来"协同效应"将成为个人和企业竞争中新的价值来源。过去，所有个人和企业的价值都是"网络效应"，简单来说就是你连接的人越多、使用的人越多，你的网络价值就越大。但如今，这种网络效应已经凸显出一个明显的问题，就是已无法再带动巨大社会价值的更新，能带来价值更新的只能是"协同效应"。

什么是"协同效应"？简单来说就是用一种多角色、大规模、实时的社会化协同方式，基于网络来创造新的价值。

拿我们的个人发展学会来说，如果按照传统的经营模式，由于我们的服务方式是为大家提供职业咨询，那我们肯定要招聘很多的职业咨询师，这无疑就增加了经营管理的成本。但现在，我们采取协同合作的方式，构建了一个非我们员工的、参与兼职互助合作的优秀职业咨询师网络，而且这个网络正不断随着我们的发展而逐渐壮大。这样一来，公司和咨询师之间就不只是雇佣与被雇佣的关系，而是一种合作的方式，大家共同把一件事做好，共同成长、共同获益。而那些支持我们的粉丝，就会成为我们各个分会的学习群组。这样表面看我们公司只有几十号员工，实际上我们拥有了一支线上看不见的上千人的"部队"，与我们一起协同为学员和粉丝服务。这就是"协同效应"。

未来，这种从网络效应到协同效应的转变将成为互联网的一种必然发展趋势。因此，身在其中的每个人都应该尽早具备这种思维。从小的角度来说，我们做任何事都要留有余地，不做"一锤子买卖"，因为以后你不知道什么时候还要跟人连接、合作；从大的角度来说，我们不要只看重眼前利益，对未来要有一定的前瞻性，"未来思维"才是社会资本的积累之道。正如莎士比亚所说："我们都知道我们现在是什么，可谁也不知道自己将来会变成什么。"培养未来思维，抛弃短期行为，才能在建立社会资本的过程中不断创造更大的价值。

06

影响力：快速成为圈子里的关键领袖

美国著名心理学家罗伯特·西奥迪尼说："现代社会中，无论事业上还是生活上的成功，都取决于我们影响他人的能力。"不管生活在哪个圈子里，影响力对于你来说都至关重要。你的影响力是你的标签、你的优势、你的人设，是你与众不同的能力。这种与众不同的能力，能让你快速成为圈子里的关键领袖，成为影响他人的超级IP。你影响的人越多，你的连接能力越强；你的连接能力越强，你的影响力越大，你的增值空间也会越大。这是一种正相关的关系。

6.1 你的影响力取决于你的连接有多广

时至今日，我们真正地进入了一个新的时代，一个万物互联的时代。这种连接模式让更多的个体获得了空前的能量，这种能量也在不断地打造着每个个体的影响力。

"跟谁学"的创始人陈向东曾说过："个人的力量是有限的，群体的合力才是无穷的，知道你的人越多，你的影响力自然就越大。"我认为这句话更适用于今天这个时代。

最近几年来，我观察到一个很有趣的现象：网上一旦出现像网红结婚或者明星出轨之类的新闻，就会被拿出来反复爆炒，从而吸引全民来关注。接着，很多愤愤不平者跳出来开始进行大肆批判，认为这样的现象在某种程度上会带坏社会风气。也有人义正辞严地指出，为什么我们不能多关注那些抛家舍业、默默无闻的科学家？为什么我们不能多关注那些为国牺牲奉献的英雄人物？社会风气真的被带坏了吗？人性真的扭曲了吗？

从前我对这样的事情也是义愤填膺的，但是随着时代的发展，我有了新的看法。过去，我们心里的英雄多是主旋律所宣传的人物。而随着时代的进步，信息化让普通人也可以轻松连接到世界上任何一个自己喜欢的个体。

这个时代就是互联网时代，所有旧的价值体系都随着这个时代的到来而重建，新的价值体系也逐渐形成；与此同时，新的价值体系也赋予了每个个体更多有影响力的光环。

以李佳琦为例，过去"主播"这一头衔并不受主流人士待见，但是自从李佳琦直播带货开始，人们对于"主播"有了新的认识。在2020年新冠疫情之后，作为一名主播，李佳琦和央视主持人朱广权两人共同组成了"小朱配琦"组合，一同为疫情之后的湖北免费直播带货，获得了1.2亿网友的围观和赞誉。此时的李佳琦已经从一个网红逐渐变成了一个正能量明星。他的一举一动也成了无数粉丝关注的焦点，就连李佳琦发布微博声称"身体不舒服，今天不直播"，都会迅速攀升到热搜第一的位置，引来数万网友的安慰。

为什么李佳琦会有这么大的影响力？我们先了解一下什么是价值。在我看来，人与人之间连接的本质就是价值交换，而价值通常包含两种价值，即物质价值和情绪价值。物质价值我们容易理解，那情绪价值又是什么？一个正向的情绪价值可以通过情绪的表达，让自己与他人的情绪产生同频共振，使得自己与他人建立更加亲密的关系，而李佳琦正是通过这种情绪价值维护了一对多的人际关系。一个网红背后的底层逻辑是什么？其实就是他能给用户或粉丝提供一个互动的过程，提供一种情绪价值，用户或粉丝则更愿意为这种情绪价值付费。

李佳琦的影响力，正是一种以情绪价值为底层逻辑建立起来的连接力所带来的魅力。而这种连接力越强，其影响力就会变得越大。

认清这个道理，我们就能明白为什么网红的影响力那么大、明星的关注度那么高了，不是他们个人能力有多么强、贡献有多么大，只是因为他们拥有更为广泛的连接。

这个时代，个人的影响力早已不再是依靠某个人贡献的大小来判断了，更重要的是看谁能与这个世界产生更大的连接，谁的情绪价值越高，谁连接的人或资源就会越多，谁的影响力就会变得越大。

比如，作为一名员工，你如果想在公司里有影响力，就要与更多的领导、同事之间发生连接；你连接的人越多，影响力自然也就越大，升职的空间也越大。同样，你的公司如果想在行业里崭露头角，也需要同样的套路，你要与更多的公司产生连接，与更多的人产生连接。当马化腾把人连接在一起，腾讯就产生了；当马云把商品和人连接，阿里巴巴就产生了；当李彦宏把人与信息连接在一起，则百度则产生了。不可否认，连接力正在不同程度上改变着我们身处的世界。

个人应该如何打造自己的影响力？其实通过连接他人打造个体影响力的方法有很多，但是你必须记住一个最基本的方法，那就是你想拥有真正的影响力，不该仅仅停留在认识别人的层面上，更重要的是要让别人也认识你、相信你、认同你。

在网络时代里进行人脉构建，如果只是停在表面上的认知层次，显然并不能形成真正的连接力。真正的连接力，不是你有我的微信、我有你的电话号码那么简单，而是当对方有需求时会主动联系你。这才是影响力的一种体现。

想在他人的心中不断形成这样的影响力，其实并不简单，甚至是一个很辛苦的构建过程。整个过程的本质是什么？其实就是印象的搭建，具体需要分三步走：

第一，认知自己。

只有当你能够成为别人的资源时，别人才愿意与你形成连接，否则连接就是一句空话。飞亚达的董事长曾经向我提出过这样一个观点："一个人的组织机体里面，90%都是向内的，只有10%的组织是向外反映的。"真正厉害的人物，90%的时间都是向内探寻的，对外交际的时间只占10%。

比起社交、维护关系，决定一个人走多远的，更多的是你本身的实力。就拿出版领域来说，内容才是我的资源、我的名片，这才是让我更好地去进行人脉构建的根本。

很多身边的朋友觉得我们公司认识很多大咖，请大咖帮忙写个书评、荐语肯定很容易。但我会直接告诉他们，大咖只愿意做给自己锦上添花的事情。如果内容真的很有价值，他可以推，你也能火；但如果单纯刷脸、刷人情，让他们去推，很多人是不愿意做的。如果你真的想通过抱大腿来连接更高级的资源，进而打造自己的影响力，那么你一定要先让自己的内容具备高价值性，这样才具有实际意义。

第二，打造自己。

在我看来，影响他人并不是单独事件，而是需要一个持续性的过程。真正有持续影响力的人，一定是在专业领域内能够可持续积累的人。在这个过程当中，你的影响力也不是一成不变的，而是在不断的变化过程中，持续打造自己、输出自己，以提供后续的影响力。

你的能力大小或者你输出的价值，主要取决于你连接资源的数量、质量和效率。作为互联网上的节点，你要与不同的人取得连接。只有连接到了优质的资源，才能够更高效地提升自己。

如果你想在互联网中闯出属于自己的一片天地，就要打造自己的品牌。比如，一提起阿迪达斯、耐克、彪马，你就知道是它们都是运动品牌；一提起苹果、华为、小米，你就知道它们都是手机品牌。所以你也要学会打造属于你自己的品牌，来增加你的影响力！

第三，输出自己。

如何打造自己的品牌、增强自己的影响力呢？你要学会输出经验、释放价值，让你的经验不断增值，让输出的价值尽快变现。与此同时，输出也可以获得更多的反馈，而更多的反馈则能更进一步优化你的内容。

通常情况下，你输出的对别人有用的价值越大，你收获的就越多。在某个领域里面积累了丰富的经验，你就可以输出更多对别人有价值的内容，以提升自己的个人影响力，实现无限的、广泛的连接。

每个人都想在这个时代里脱颖而出，最好的方法就是学会改变自己的思维方式。世界始终是变化的，你只有不断地适应各种变化，不断突破自己的局限，才能不被这个时代淘汰。而要升级到一个高维度的层面，你就要保持与更多优秀个体的连接，连接这个时代里最优质的资源、最厉害的人物。只有这样，才能让自己成为这个时代里有影响力的人。

6.2 打造深度影响力的核心是喜爱和尊重

大家是否曾有过这样的经历？当你年少正值迷茫之际，某个老师或是你父母的一句话或一个行动，影响了你的一生；当你面临职业生涯最重要的选择时，你的老板或主管的一句话，点醒你的大脑，改变了你的一生。

从小处说，一个人的一句话会影响一个个体的一生；往大了说，如果一个人的影响力可以影响一大批人，甚至是一个时代，如马云、任正非等人，那他们一定会获得更多人的尊重和喜爱。

通常，一个有影响力的人，既会受人尊重，也会被人喜爱。因为喜爱和尊重，使我们有了影响力，并且两者之间形成了一种互补，这其实是情绪价值在其中发挥了巨大的作用。

关于尊重和喜爱，最初我是在新加坡著名培训师凯伦·梁的《深度影响》一书中得到的感悟。作者认为，喜爱和尊重是决定影响力大小的两个非常重要的要素。拿追星来说，粉丝越喜欢这个明星，被他影响的程度也就越大。粉丝喜爱或者尊敬明星的程度，决定了粉丝允许这个明星影响他们的程度。

无论是尊重，还是喜爱，都已经说明了我们受影响的程度，我个人对这一观点也是非常认同的。为了更明确地了解这两个要素所要表达的核心内容，让我们一起来重新拆解这两个词：

第一个要素：尊敬。

通常情况下，受尊敬的人通常具备这样的特质：自信、坚定、以身作则、可信赖、有原则。比如，你越尊敬一个人，他对你的影响就会越大。想一想我们在上学时是不是常会遇到一些具有上述特质的老师？他们深受学生尊敬，对学生的成长影响也非常大。

第二个要素：喜爱。

受人喜爱的人也具备几样特质，如思路清晰、平易近人、有创造力、富于同情心、有爱心等。以我身边的朋友为例，很多朋友常向我抱怨工作上的事，例如工作中经常会遇到一些小领导，喜欢摆架子，喜欢刁难员工，领导越是这样，员工越是不服。

不可否认，我们每个人在职场上都会遇到一些这样的人，职务不高，架子不小；反倒是职务越高的领导越是平易近人，这样的领导深受员工喜欢；员工越喜欢，领导在员工心中的影响力也就越高。

一个真正有影响力的人，能够用心对待身边的人，即使自己有了很高的职位，也不会觉得自己高人一等、四处摆架子，而是能够平等地对待每个人。这是一个人受欢迎最直接、最高效的方法。

除了受尊敬和被喜爱的人拥有各自的特质外，作者还总结了一些特质是既受人喜爱又受人尊敬的，比如能鼓励他人、有魅力、有远见等。

人们常说，"人生如戏，全靠演技"。但我认为要想成为一个真正能影响他人的人，不能只是靠演技、靠套路、靠策略，更要靠自身的品质。只有具备优秀的品质，才能吸引并影响他人。

当掌握了影响力的两个核心——尊敬和喜爱之后，我们要做的就是通过这两个核心去提升自己的影响力。作者凯伦·梁在书中总结了提升影响力的四步法：创造良好的第一印象（First Impressions），快速建立融洽关系（Rapport），自然地加深情感连接（Emotional connection），发挥影响力（Exertion of Influence）。这四个单词的第一个字母组成了

FREE，所以这个方法也称为"FREE法"——通过自由，不费力地发挥你的影响力。

现在，以我个人的理解来给大家拆分这四个方法，以帮助大家快速建立自己的影响力。

F——First Impressions，第一印象。

大家可能都听过这样一句话："用一分钟爱上一个人，却要用一辈子来忘记她。"这说明了什么？这说明了第一印象的重要性和持久性。那我们该如何去提升自己的第一印象？美国著名的心理学家艾伯特·梅拉比安给出了一个公式：信息的全部表达=55% 视觉（外貌和肢体语言）+38% 声音（语气）+7% 言语（用词）。

从公式中我们能看出，非语言的交流比语言的交流对人的影响更大。心理学有一个"开头效应"，即第一眼看到的人和事物会对人造成很大的影响，而且第一印象会在其头脑中长久留下来，影响其判断。因此，与人初次见面时的穿着打扮、身体姿态、面部表情以及眼神，都是需要刻意注意的。

一个人说话的声音和方式也会影响其在对方心里的第一印象。说话的时候，声音要清晰洪亮；语速也要保持适中，最好和对方说话的语速保持在同一步调上。

在言语用词上，你还要学会使用积极的词汇，表述清楚明白，不要说含混、暧昧的话。言简意赅总比啰啰唆唆更容易给人留下良好的第一印象。

R——Rapport，融洽的关系。

彼此之间保持一种融洽的关系，有助于双方能够很舒服地待在一起。而要让这舒服的感觉持续下去，需要多交流、多互动。其中，交谈的方式决定了我们与他人的关系。通过良好的交谈，彼此可以快速建立起一种融洽的关系。

交谈不是一个直截了当的切入，而是一个循序渐进的过程。

首先，我们可以用与工作有关的话题来引出真正话题；其次，再用好的问题和开放式结尾的问题去进行提问，以了解对方真实的想法。良好的开场情绪总会让人感觉很舒服，人们也会敞开心扉分享更多的内容。最后，如果话题能够带入家庭的话，双方的关系就会因为变得私人化而更加深入。这里我要提醒大家的是，切不可一开始就直接去聊家庭，这只会引起别人的警惕，下面的话题就很难深入了。

E——Emotional connection，情感连接。

融洽的关系确保了对方与我们在一起是舒服的，但离产生影响力还差一步，这一步就是要进行情感连接。你要使对方进一步与你产生情感连接，接着才能将彼此的关系推进到信任区。

在现实生活中，经常会发生这样的情况：你讲的是理，对方讲的却是情。为什么看上去都没有错误的道理，却让人听不进去，没办法产生有效的连接？这主要是因为人的感性与非理性在起作用。每一个个体都渴望且需要情感连接，所以，共情、通情或者同理心，在人与人之间的连接中起着至关重要的作用。

因为情感在连接中的重要性，所以"心理学"这门学科才有了很大的意义，影响着我们生活和工作的方方面面。在当今社会，所有产品与服务的研发、销售、广告、公关等领域，都离不开心理学对人情感的研究。

谁拥有更强的同理心，能够有效地洞察人的心理、把握情感的脉络，谁就能更好地在一切社会连接中取得优势，产生更大的影响力。为什么像李佳琪、薇娅等超级网红具有这么大的影响力？他们直播卖货，实际上依托互联网，做的是更高级的一对多的情感连接、一对多的产品或服务销售。

E——Exertion of Influence，发挥影响力。

由情感连接加深的信任一旦建立，彼此间就建立了良好的关系，这时你就要发挥你的影响力了。作者认为有三种情况可以最大限度地发挥你的影响力：

第一种情况：开启一段新的人际关系。你可以事先备好功课，然后按照上面的方法去做：先给对方一个良好的第一印象，再建立一个融洽的关系，接着进行情感连接，把对方拉到信任区，这时就可以自然地发挥你的影响力了。

第二种情况：提升现有人际关系的质量：当你想把现在的人际关系提升到一个新高度，最好的办法就是增加他对你的喜爱或尊敬的程度。

第三种情况：改变现有人际关系的性质：扔掉过去的傲慢与偏见，多说出更积极的词汇，这是改变现有关系的第一步，也是最重要的一步。

上面FREE的方法也融合了喜爱和尊敬两个核心因素。通过这四步，可以让你高效而轻松地赢得他人的心，进而使你形成更大的影响力。

6.3 随时培养连接习惯，帮你获得更广泛的认同

现在的年轻人多数都是很迷茫的，刚毕业甚至工作多年后，还没能确认自己的职业方向。我当初成立"个人发展学会"的初衷，其实就是想解决年轻人的职业起步问题，希望更多的年轻人清楚地知道自己是在为谁工作，知道怎么样去工作。如果找到一个有梦想、有愿景的公司，跟自己的目标一致，那自然很好；如果没有，自己也要去规划、去奋斗。

在这个过程中，你要培养自己一个非常重要的能力，就是养成一个与他人、与世界连接的习惯。从一个更长远的角度来说，这也是一个人一辈子都需要修炼的东西。

"所谓优秀就是坚持好习惯"，一切优秀都是好习惯培养出来的高性价比产物。而在这个时代里，我们是否变得优秀、是否具有影响力，不只是依靠我们个人的能力（当个人能力无法测量时，社会网络驱动成功），更取决于有多少人支持我们。

有些人认为："那些善于与人交往的都是性格外向的，我这个人性格内向，不太爱与人交往，可能不那么容易与人形成连接。"有这样想法的人绝不在少数，大多数人的主观思维里都存在这种想法——性格内向的人不容易与他人形成良好的社交关系。这听起来好像内向性格天生就是一种"病"，得去治。

其实这些都是人们思维意识里的主观偏见。内向只不过是一种性格倾向，它并不是一种病，也不需要药。卡尔·荣格说："内向和外向所代表的是人的心理状态，并没有优劣之分。"他认为，这两种特质的区别在于：心理能量指向的方向。外向的人能量指向外部，而内向的人能量指向内部。荣格本人也是一个非常内向的人，但这并不妨碍他成为一个有影响力的心理学家。

所以内向并不是什么病，也不是什么缺点，相反这样的人在社会更容易成功。像爱因斯坦、巴菲特、比尔·盖茨、乔布斯、J.K.罗琳这些名人都是性格内向的人，而他们所形成的影响力却是巨大的。

为什么性格内向的人更容易成功呢？我觉得有两点因素起到了决定性的作用。

第一，他们更倾向于与事物建立深度连接。

美国作家玛蒂·莱利的《内向者优势》一书，提到了内向者和外向者最大的不同点就是深度和广度。从连接力的角度来看，内向的人倾向于连接的深度，他们更喜欢研究少量事物的本质；而外向的人则更倾向于连接的广度，他们更喜欢接触更多的外在事物。

第二，他们更容易与自己的内心建立连接。

大多内向型人的内心都有强大的自我认知，他了解自己需要什么，不需要什么。他可以有选择地过滤掉那些干扰因素，专注于内心需求，并不断地精进。

拿周星驰来说，大家都喜欢看他的电影，称他为"喜剧之王"。你看他在电影里一副伶牙俐齿、极具张扬的样子，但在现实世界里他却是一个沉默寡言的人。但也正因为这样的性格特点，他才能静下心来，与自己的内心形成连接，坚定自己的想法，并为之向前；同时他还能与自己所演的角色进行深度连接，从而成功塑造出很多经典的银幕形象。

如果你担心自己的性格会影响"连接"效果，其实完全是多余的，甚至有时候是有害的。这点我深有体会。

我们个人发展学会的资深职业辅导师媛媛老师提到过一个学员案例。这位学员一直为自己曾经的一次机会选择感到后悔。她平时不太爱说话，但是文案能力非常出色。她的部门领导也很欣赏她，一直在重点培养她。

有一次，公司重点项目营销部缺人手，想从部门里抽调一个人去协助。她的领导觉得应该让这位学员去历练一下，提升一下她在公司的影响力，等回来后直接独立负责新项目。于是领导找到她，想听听她的想法。

当领导告诉她准备调她去重点项目营销部时，她感到很意外："领导，我这个人比较内向，不太适合做重点项目营销这种对外的协调工作。"

领导当时很不解："为什么？内向就不能做项目协调吗？而且我觉得你的能力可以啊！"

女孩苦笑道："做项目营销不就是经常与人打交道吗？肯定是需要那种能说会道的人，我不行，我做不了，领导。"

领导继续劝她，但她还是执意不肯，领导只好另找他人了。后来，她的领导调了她同岗位的同事去历练，而那位同事后来成了她的新领导。 这位学员错把内向与不善于与人交往画上了等号，给自我设限；同时"我不会，我不行"的固定型思维，也切断了她与外在的连接。如果不能改变这种思维方式，那么她未来会怎么样呢？其实当下就能看得见了。

所以我觉得，你与什么样的人交往，与什么样的人建立连接，其实与你是外向性格还是内向性格真的没有多大关系，你所要做的就是把你的"连接"形成习惯。因为一旦形成习惯，你的影响面就会越来越广。

如何把"连接"形成习惯？我在读《高效能人士的七个习惯》得到几点启发，可供大家参考：

1.你的内心要积极主动。如果你不主动向前走，谁又会在后面来推动你向前走呢？因此，不要把内向等同于不积极，更不要停留在"我不会，我不行"的思维上，你要以"我能行，我可以"的思维去与他人建立连接关系。

2.你的规划要"以终为始"。为什么有的人不能与人形成很好的连接？不是因为他没有机遇，也不是因为他能力不行，而是因为他根本不知道自己想要什么。这就是为什么很多人与他人交往时经常有头没尾的原因所在。

3.你要学会建立连接的双向通道。也就是说，你要有双赢思维。双赢可以让你获得更多的资源，它既不是损人利己（你赢他输），也不是损己利人（你输他赢）。正如史蒂芬·柯维自己所说："双赢者把生活看作一个合作的舞台，而不是一个角斗场。"

4.你要先了解对方，再让对方了解你。不愿意去先了解对方，还武断地给对方乱下定义，这是很多人沟通出问题的一个重要原因。你只有以了解之心去听别人说什么，然后才能让对方了解你，这样才能打开沟通的大门。

最后我们可以一起展望一下，未来一定是这样的：你的能力与价值不再取决于你自己能做到什么，而取决于你背后能连接到的人作为一个整体调动资源的能力。社会网络的影响力在一个人的综合能力评估的权重上史无前例地高，而且会越来越高，它也将成为当代工作中评估一个人最重要的底层能力之一。

6.4 学会做一个极具网感的超级传播者

著名思想家贾雷德·戴蒙德在《枪炮、病菌和钢铁》一书中指出，非洲的原始人是进化时间最久的，所以他们更应该是这个星球上最智慧、最有影响力的民族。可为什么枪炮、钢铁不是首先出现在非洲，让非洲征服欧洲、殖民世界，反倒是亚欧大陆的民族成为最有影响力的民族了呢？

我从梅特卡夫定律的角度进行了分析，亚欧大陆拥有全球最大的人口基数，也就相当于拥有最多的网络节点数，人数越多、连接也越紧密，最后所带来的影响力也就越大。再拿我们中国来说，我国的人口基数本身就是一个巨大的优势，这个优势让我们拥有强大连接的基础，也让我们可以依托于此打造史上最强大、最高效、连接最紧密的基础设施生态网络，这才会出现让全世界都惊叹的"十天盖成火神山医院"的中国速度。从国家的层面来说，所谓的强者是能够创造更广泛的连接的，而亚欧大陆种族正是在这种广泛的连接下形成了强大的族群。

从商业的角度来看，梅特卡夫定律的存在，也是让那么多的互联网从业者前仆后继地渴望打造超级平台、超级系统、超级生态、超级 App、超级应用的原因所在。

细想一下，梅特卡夫定律背后诱人的底层逻辑是什么？答案就是指数效应。从链到点，针对一个超级传播者的价值来说，如李佳琦、薇娅们的价值增长曲线，往往是指数级的增长，他们的影响力也是指数级的增长。因此，未来的传播不再取决于触达用户的多少，而是取决于有没有超级传播者。说到底，超级传播者更像是梅特卡夫定律背后的时代价值产物。

我们如何在自己的领域里成为超级传播者呢？这里我给大家分享一个大多数人忽略的建议，就是先"培养网感"。"培养网感"与我们每一个人都息息相关，它可以帮助你在圈里、圈外打造出超级影响力，使你能够在这个领域里成为说得上话的大人物。

"网感"到底是什么？具体怎么做？我从两个方面来给大家进行阐述一下：

第一，网感的本质其实是一种好奇心，我们要养成研究用户的习惯。

培养网感其实就是培养我们对大众需求的洞察习惯。这对我们每个人而言都很重要，需要养成研究用户的习惯，保持对未知世界的好奇心，才可以让我们拥有更广阔的视角。

落实到打造个人影响力上，就是去关注自己这个内容领域内，受众的需求是什么；同时，用户语言、用户心理，都能够通过受众需求分析得到，并且要能够利用自己的知识有效地满足用户的需求。

就像我总是让同事们钻研排行榜一样，这就是为了让大家更了解市场。比如，我们很多内容产品经理会加入与自己擅长的内容领域相关的各种各样的社群和圈子，这是为了去钻研用户的语言与习惯。再比如，我每天晚上都会看科技新闻，关注科技领域和相关企业的发展……其实这些都是在培养自己的网感。

我们做的是内容行业，从出版到知识付费到教育培训，都是线上的，需要有比较强的好奇心，去探索和研究各种新的媒体工具、传播渠道，并且想办法为我所用，而这些都跟互联网与科技是强相关的。当我们习惯性地关注这些维度的新鲜事物之后，就拓宽了我们的视野和格局，能够随时适应用户需求的变化。

第二，网感是一种更高级的智慧，我们要学会创新"表达力"。

有粉丝问我，自己明明很年轻，却被好友在线上说跟自己沟通"有代沟"，怎么办？在这里，我的回答是锻炼"网感"！因为它是每个人在当下这样一个时代下不可忽视的表达力修炼。

我给大家推荐一本书，书名叫《经验的疆界》，我曾经推荐给很多我们公司和行业里的内容产品制作人、编辑和策划人。这本书里面有个观点，是对于智慧的诠释。什么是智慧？你能够把同样一个道理、知识或观点，用一种更高级、更能够让大众接受的方式表达出来，这就是智慧。

网感其实就是一种更高级的智慧，是一种"表达力"创新。因为不同年代的人有不同的习惯偏好，一代人有一代人的情怀。我们讲同样的道理、知识、观点或者技能时，它的传播对象是不断在更新与变化的。这是一个流动的群体。从这个角度来说，培养网感，依赖于我们不断更新自我，不断融入一个流动的群体、圈子或者话语体系的能力。

比如，我们针对年轻人做出版，从对80后传播，到对90后传播，再到对00后传播。我们的知识内容要对同一年龄段却在不同的时代成长起来的人去传播的时候，就需要有自己的网感，让自己的知识表达能够符合年轻人的喜好与口感，以便于他们愿意去接受我们要传播的思想和观念。这也是我们重视网感、流行语言的原因所在。那么，跳出知识内容的传播，把这个逻辑放到其他任何的产品或服务的营销与传播，逻辑也都是一样的。

现在是提倡线上协同办公的时代，这要求每个职场人都要迅速提升自己的工作能力，快速适应这场职业变革。因此培养你的"网感"是时代的需要，同时培养网感是为了你能快速连接这个时代打基础。

未来的时代，连接会越来越深，连接的形式会越来越紧密、越来越倾向于以人作为介质。微观个体的能量之所以空前巨大，在于连接因为人而变得更性感和生动。这都是梅特卡夫定律的价值升华。

"人类社会"之所以成为社会，是因为有着人与人之间的关系连接这个基础。连接回归人本载体，更彻底地回归人性，恰恰反映的是物质文明的进步，且物质文明服务于人，精神文明依托于人，以人为核心，以人为本的底层规律。

不培养自己的网感，不包装和经营自己，打造自己的超级连接属性，凭什么想要在这个时代里赢得财富、影响他人呢？要知道，如果能让自己占据连接的最佳势能，那么你的财富也将不断扩张，你的影响力也将不断扩大。

6.5 向内审视：找准定位，你也可以是爆款 IP

什么是 IP？以往更多的人把 IP 当作是知识产权，但结合今天互联网时代的大背景，我觉得把 IP 定义成"可以带来一定影响力，可以形成流量变现的人和事"会更贴切。一部优秀的、人人都知道的电影、电视剧、小说、图书，都可以是 IP；同样一个有影响力的人也可以是 IP，比如马云、任正非这样的大人物都是超级大 IP，而像李佳琦、薇娅这些网红既是超级传播者，也是自带流量光环的大 IP。

在过去增量经济的时代，个人 IP 的价值并不能完全被展现，只有马云、任正非这样的大人物才能被人们所熟知。但是互联网发展到今天，时代给每个人最大的意义和机会是对人的价值赋能，这个赋能不仅仅包括把我们的工作搬到了线上，更重要的是每个个体都有机会让自己发光，打造个体影响力的基础设施也日渐成熟。在这一成熟体系下，人人是 IP、人人可以卖货、人人可以变现。也就是说，这个时代里人人都可以也有必要打造IP。

但我们要认识到，虽然每个个体都能成为这个时代里的IP，但不是人人都能成为有影响力的IP。

比如，同样是英语讲师，为什么新东方的周思成仅在微博上的粉丝就有300多万，畅销书也出版了好几本，而你的高中英语老师还在自己的教学领域里面十几年如一日地苦苦钻研呢？

比如，同样是广告人，为什么"一只特立独行的猫"创立了自己的"下班后"品牌，早早实现了财富自由，而你的好友还在甲方各种修改意见的轰炸下疯狂加班呢？

再比如，同样是自媒体人，为什么"末那大叔"篇篇文章阅读量10万+，连带自己老爸的形象也都变得那么深入人心，而你还在苦苦经营和维护自己那本就不多的粉丝呢？

其实答案很简单，因为不是人人都能成为有影响力的IP。一个有影响力的IP一定要有变现的价值，只有产生变现的价值才能持续；当你能够持续变现，IP的影响力也会变得越来越强大。这也是为什么现在这样一个人人卖货的时代，实际上最能卖货的还是IP，尤其是头部的超级IP。这也是为什么罗永浩、董明珠、欧阳夏丹、朱广权等大众名人都要学李佳琦、薇娅直播，为什么马云把卖货当作艺术的原因所在。所以，别以卖货为耻，应该以买卖变现为荣。这就是IP时代IP和影响力带来的价值。所以一谈IP，一定要谈流量，一定要谈影响力，一定要谈变现。

那一个好的个人IP是什么样的呢？我把它归纳为"一个核心、三个维度"。其中"一个核心"就是定位，它外在的表现形式就是标签；而"三个维度"则是影响力、流量和变现。影响力和流量是相辅相成的，变现则取决于这两者的黏性。

那么，我们如何根据"一个核心、三个维度"，从内容方面把自己打造成一个有影响力的IP呢？

第一，定位的本质就是专精于你的核心。

IP是什么？

IP=影响力=流量=收入。你要想打造个人影响力，引爆流量，实现变现，就需要做好一个核心动作——定位。我们说为什么不是人人都能够做成IP？很大一部分原因是，不是所有人都能够找准自己的定位。

定位是什么？我在前面讲过，定位就是找到自己的比较优势。在同样的一个领域内，你的某个优势比别人更突出，这个突出的地方就是你的比较优势。

没有明确、清晰的定位，你如何在这个竞争激烈的市场中找到生存之路呢？那些成功的IP，都是有明确定位的、懂得专精定律的人。所以打造个人IP时，定位一定是越专越好、越精越好，而不是越多越好。

定位的本质是什么？是要专精于你的核心。正如美团的CEO王兴所说："太多人关注边界，而不关注核心。"扩大边界确实能让一个人的优势发挥到一个更大的维度，但这个前提是你的核心也要随着边界的拓宽而增强，不然就会因为拓展边界而空心化，丧失了核心。一个好的IP应该像恒星一样，是核聚变，始终守住自己的核心。

第二，个人IP的打造更需要经验和专业度。

环顾周围，你会发现很多个人IP最后留下来的都是专精形象。比如说南派三叔写再多的东西，大家记住的都是盗墓题材，当年明月就是写《明朝那些事儿》，尹建莉就是写《好妈妈胜过好老师》……

若想做个好IP，也要梳理好自己专业领域的知识体系。也许开始你只是做一个简单的经验分享，但是最后一定要变成一个专业的、体系性的输出。

如何做到最专业？我认为，最坚持的就是最专业的。找到定位之后，要有耐性，持续地在这个领域里面坚持下去。

坚持能为你带来比较优势。把火力集中于一点，找到精准定位，并坚持下去，把自己的比较优势凸显出来，别人就会主动连接你。

我们如何坚持去做一件事呢？我个人有四条意见可供大家参考：

1.承诺一致性原理。当你去做一件事情的时候，要对外做出承诺，让所有人都知道你要去做这件事。知道的人越多，你就越不容易放弃，因为你不能打自己的脸。

2.要让自己学会付出成本，把退路堵上。你坚持一样东西，投入得越多，你就越不会放弃。这就好比轻而易举就得到了一件东西，那就很容易不珍惜，反倒是那些绞尽脑汁也得不到的，更容易让你去珍惜。

3.做最坏的打算。你要想象一个未来最坏的结果，你能不能接受？比如我自己创业，我已经做了最坏的打算——大不了就是一无所有，再重头来过，没什么大不了。如果最坏的结果都能接受，那么一切都是最好的安排。

4.和志同道合的人在一起。特别是要和同道中人在一起，时不时找他们吃吃饭、聊聊天，对你本身的收益也是巨大的。

第三，好的IP最后的导向都是人格化。

除了提升专业度，好的IP最后的导向都是人格化。以产品为例，卖产品的最高境界就是卖价值观。比如说阿里的初心追求是"让天下没有难做的生意"，百度的是"消除世界的信息鸿沟"，小米的是"让每个人都能享受科技的乐趣"，这些最后都变成了一种价值观。

世界上最大的买卖就是贩卖价值观念，所以我们说"三流公司做生意，二流公司做业绩，一流的公司做信仰"。因为价值观是一个很重要的东西，所有的消费需求都来源于人的底层的情感需要，然后基于情感变成物化的东西。

为什么乔布斯能够如此受人认同？为什么苹果的文化能如此受人推崇？就是因为乔布斯在人性层面、在对产品的人格化层面，已经往前迈出了好多步，所以到现在我们都在受他的影响。无论科技怎么发展，最后所有的生意都会回归到人性。

总的来说，人的一生不能总活在别人的标签里面，要给自己定义人生。因为现实的自己和你未来想要成为的自己，还有别人眼中的自己是有偏差的，如果不能够清醒地认知自己，就可能陷入一个虚化的陷阱当中。

不可否认，人会不自觉地倾向根据社会的反馈去调整自己的行为，满足社会对自己的期待，但外界的标准有时候是会害死人的。所以我们不能够丧失掉自己的追求，要自己给自己定义人设、打标签。这其实也是一个基本的职业认知和个人认知问题。

6.6 向外探查：看透渠道，从市场角度打造你的人设

很多朋友听了我在IP训练营里的定位课后常会问我这样一个问题："我该如何找到自己真正擅长的东西呢？"为什么会有这样的提问呢？因为对于我们这些想要在IP打造这条路上长期坚持下去的人来说，一旦没有找到自己真正擅长的东西，就很容易方向跑偏，也没办法得到自己期待的收益。那么，怎样才能找到自己真正擅长的东西呢？我认为有以下五个维度：

第一个维度，看你在哪件事情上积累的东西最多、时间最长、投入的心智最多。

每个人都具有很强的可塑性，任何一项技能，只要你去学习，基本都可以获得，但是做得好和不好，擅长还是不擅长还是有很大区别的。

可以做到"擅长"两个字的时候就说明，你在这一方面是有长处的，而我们也常说一个观点，那就是你只要在这一

方面进行了一万个小时的积累，你的"长板"就出来了。所以在这个事情上，是不是投入了足够多的时间去反复练习和习得，是识别擅长与否的一个基础。

第二个维度，你在积累的过程中是不是有快感？或者你在这个事情上有没有兴趣？

让你有快感和兴趣的事情，需要是你刻意投入时间积累和在做的事情，这很重要。

我们可以从多个维度去看一件事，过去我们所坚持做的事花了一万个小时，或者是投入的时间足够多的事情，看你到底是哪个方面能力最突出。

心理学上有个"心流"的概念，如果你在这件事情上，心流的频次越多，说明这个事情上很可能是擅长的。如果你的心流频次几乎没有，一想到这个事情就很头疼，那说明你的工作是一个被动的状态，那就不是你擅长的。

第三个维度，我们要去发掘对这个事情是不是由一种被动的学习转变为了主动的学习。

如果你面对很多事物总是处于一种被动的状态，那就很难说明你擅长这件事，也很难达到擅长的状态，同时也会错过很多原本你可能有机会擅长的事物。

所以我们要拿回人生主动权，化被动为主动。很多时候我们都觉得自己什么都不擅长，这就是一种被动思维。当处于被动思维时，可以通过小步激励的方式，让自己看到自己的进步，用正向的刺激去驱动自己，从而学会试着去把它变成一种主动状态。

第四个维度，把自我觉察和你身边好友对你的评价相结合。

在听取好友意见的时候，你也要学会看到硬币的正面，积极地去听别人的评价。对方说你不懂，那就表明你有机会去学习，而不要陷入一种自我否定中。当别人说你擅长，其实也能够让你从侧面了解自己对这个事情是否真的擅长。

第五个维度，从底层能力出发，根据你的性格特质去分析你更加喜欢什么，而不要用角色来限制自己。

什么是底层能力呢？比如说沟通能力、数据分析能力、创造力、发掘新鲜事物的能力等，这些都属于底层能力，并且这些能力都是可以习得的；但需要将你的性格特质与这些底层能力相结合，比如说你就是喜欢静下心来研究文字、雕琢文案；或者说你就是愿意走出去，与别人进行谈判。

但是我们不要过度僵硬地陷入这种自我性格特质的笼统定义里面去，千万不要用所谓的岗位角色这种表层的标签来限制自己的发展。比如很多人会说"我不适合做行政""我不适合做秘书",但其实行政和秘书都只是一个具体的岗位。你需要从底层能力的维度去思考自己擅长和不擅长的事物,本质上你会发现很多事情里都包含了某些底层能力的特质。你只要发挥好,很多岗位的角色都能做好。

所以,我们在寻找什么是自己真正擅长的东西时,可以具体参考以上五个维度。只要你从事的事情,是你愿意并且主动花一万个小时刻意练习的,你能从中获得快感、愿意主动地去学习这项能力,还能将自我察觉和他人评价相结合,那么你就能很快分辨哪些是你不擅长的,而哪些是你擅长的。

当找到了你自己擅长的事情后,你要如何切入市场呢?这是很多人比较关注的重点。有一段时间里,我一直关注近几年火遍全国的知识网红"秋叶大叔"。这位武汉工程大学的副教授针对怎样根据市场趋势来切入个人赛道这个问题说:

第一种做法,选择一个受众面多,但是竞争也很激烈的领域,这样一来,最大的可能就是你被消灭了。

第二种做法,选择一个受众面小,但是竞争压力也小的领域,在这个细分领域做到第一,然后借助这个标签的势能,切入更宽、更长的跑道来实现转型。

其实"秋叶大叔"的观点在前几年IP这个概念刚开始火的时候,我觉得很到位,但是发展到今天,这个观点需要修正一下。无论是大众层面还是小众领域，我们在进入这个赛道的时候，都需要切入细分领域去。

以销售类图书为例，这是一个很大众的层面。现在市场上讲销售的图书多如牛毛，且畅销的也非常多，那我们为什么就不能再出版这类型的图书了呢？难道出版了这类型图书，畅销的机会就一定很小吗？这个看法是不对的。

每个人的需求都是不一样的，所以一个受众很广的领域，其受众需求往往都能够切得更细。比如说我们还可以做销售领域的细分，我是不是可以结合谈判来做呢？出版一本销售中的谈判技巧？或者和心理学相结合，讲一讲销售心理学？又或者和思维相结合，讲一讲销售思维呢？

所以针对"秋叶大叔"说的第一种做法，我们大家要在心理层面有这样一个认知：各大IP赛道里面的人，并没有做到那么超前，我们还有很多可以通过重新定义来细化的机会。

"秋叶大叔"的第二种方式，告诉人们要去受众面比较小的领域进行一个弯道超车，但其实从现在来讲，什么是受众面比较小的领域？就拿垂直领域来看，你不要觉得垂直领域里面竞争就不激烈，比如说针对少儿渠道的线上课程平台。你不了解的时候，会觉得看起来很好进入，似乎也能很快就实现变现；但你一旦深入了解，就会发现，这块蛋糕其实有很多人在瓜分了。所以在这个领域的竞争也必须切得很细，针对不同的需求来重新定义市场。

我认为，未来竞争的一个特点，就是个人 IP 想发现流量缺口，一定是基于基本需求，找自己的特色，最后特色做得差不多时，比的就是谁更精耕细作，谁在内容方面做得更细。这个精耕细作，其实就是要求我们找到自己的细分赛道——不论是大众面还是垂直面，都要切细，即"两手抓，两手都要细"。

这是未来精耕细作竞争背景下的两条机会，所以一定不是受众面大的就没机会，也不是说受众面小的就有机会。如果垂直面里面切得不够细，同样也没有机会。

那么，如何在细分领域里面找到你的核心竞争力呢？给大家提供一个小技巧，你只需要按照下面两个问题来思考：

1. 我的垂直用户里面最想要被满足的需求是什么？

2. 我在垂直领域给用户分享的经验知识是什么样的？哪些是与大众有关系的？

只要将这两个问题想清楚，不管你要进入哪一个细分赛道，你都不会脱离大众需求点。你也才有可能从大众面上将自己的 IP 打造起来。

这里我给大家举个例子，方便理解。有一次我们轻付费部门做了一个课，叫做"好爸妈必听的超实用育儿经典"。当时与我们合作的老师是我的好朋友，刚开始做课的时候，他还没有形成体系性的内容，只是有这个想法。

后来他发现因为自己父亲角色的缺失，导致他的孩子在成长过程中出现了很大的问题，所以他那段时间非常关注孩子的养育问题，自己看了很多这方面的育儿书籍。

我当时让他去将自己看过的育儿书里面的知识进行分享。我告诉他："既然你现在有这么焦灼地不断看育儿书的状况，那么我相信国内有很多同样焦灼的父母，你可以每天给大家讲一本育儿书，就讲里面的知识点。"慢慢地，他积累到了现在，我们帮他将以前免费分享的内容进行了整合和优化，推出了《好爸妈必听超实用育儿经典》的课程，成为我们所合作的一个渠道平台上的爆款项目。

结合上面给大家提供的找自己核心竞争力的问题就能发现，这个《超实用育儿经典》项目为什么能脱颖而出？第一，我的朋友自己早就有育儿的焦虑心理，推己及人，很多父母肯定也都有类似情况，这使得他的课程讲述有更强的共情性。第二，我的朋友看了很多这方面的经典书籍，知道了不同年龄段孩子的养育方法，更重要的是他做了很多经验与知识的梳理与结构化，这使得他的课程讲述有很强的实用性。所以，哪怕这个育儿的垂直赛道里面已经有很多头部IP老师了，我的朋友也能通过自己输出的内容在定位上的比较优势的发挥，进入这个领域，来分这块蛋糕。

所以我认为，我们要用动态的眼光来看内容市场的发展，我们关注的核心依然是：什么是变化的，什么是不变的。在变化中找到不变的，在不变中挖掘到变化的。然后从渠道入手，从市场的角度打造你的人设、打造你的影响力，一切就变得容易多了。

6.7 全媒体布局 IP：将个人影响力变现为百万收入

2017年，我创办了"个人发展学会"和六人行图书出品，正式开始做内容创业，并重点打造个人IP"刘Sir"。说起"刘Sir"这个IP，是因为当时《寒战》正火，正好郭富城扮演的警务处长刘杰辉和我同名，于是大家看完电影就喊我刘Sir。我觉得这个名字对于大家会有一种熟悉感，更容易让人记住，我就顺其自然用了"刘Sir"作为我的个人IP。

随着我们公司打造出了很多不错的畅销书和口碑好课，我的个人IP影响力也在不断放大。我当时最大的一个愿景就是：通过"个人发展"维度，把优质的内容资源，在线上形成可持续优化的产品，消除教育资源分配的不均等。我们公司的核心就是通过以IP作为节点，以优质内容作为血液连接更多的人，来实现知识品牌价值的最大化，与我们的伙伴实现共赢。

从事内容领域这么多年以来，我们公司已经接触了太多想要在自媒体领域、图书领域、知识付费领域等渠道打造自己个人影响力的朋友，但大部分人仍是找不到既能够指出IP打造的明路，又能够从自媒体运营、课程打造、图书出版等多维度实操角度对自己加以指导的导师或者课程产品。在我看来，一个关键因素是这些人根本不知道如何去布局IP。

在这个时代里，个人IP的打造是充满矛盾的，它既复杂又简单，既漫长又迅捷，关键要有一个合理的布局。前面我讲过如何从内容角度出发去成为一个有影响力的IP，那么我们如何通过短视频、直播、音频制作、图书策划、课程打造上实现全媒体布局你的个人IP，将你的影响力变现为百万收入？

在正式布局IP时，我先来纠正一个误区，我相信大家也会有这样的焦虑心态，那就是新的社交媒体平台出现后，当我们看到新平台上有一些人火了，就会开始后悔自己慢人一步，为什么自己没有在第一时间进入那个新平台呢？

其实这是一个很普遍的现象。进入新媒体时代后，诸如直播、抖音、快手、微博、豆瓣、知乎、小红书这些平台不断涌现，更新迭代的速度也越来越快，很多想做内容、做IP

　　的人自是很心急，觉得自己下手慢了就会错过新的流量红利阵地。但我觉得作为一个互联网时代下的内容人，比起追流行趋势，抢着去新平台分一杯羹，更重要的是要了解自己，清楚自己的知识和经验中有什么是不变的。一个人只有把握了自己不变的、最擅长的东西是什么，才不会焦虑，才会有长线思维。

　　以老师做课为例，我认为老师做课最忌讳的就是什么火，就去跟风做什么，而忘记自己适合做什么这个根本。想要追流行、追热点，这种与时俱进的心态没错，但想要打造自己的个人影响力，并进一步引爆升维，最后还是要回到自己擅长的内容上来。

　　如果你能清楚在自己的知识、经验和技能中哪些是不变的东西，可以做到在一个领域持续精进，不断提升自己的认知，那么无论新媒体的流量红利平台如何变化，你都可以淡定从容地应对，实现后发先至。

　　比如说，在抖音上讲销售和在微信上讲销售，可能形式不一样，但其实就老师输出的内容来说，知识的底层逻辑和框架是不变的，只是承载和传播的媒介变了而已。说得简单点，抖音上面怎么讲销售？它的脚本类似于100多个字的微博，我们可以设置一个带有用户痛点问题式的主题，然后围绕这个主题讲销售技巧、方法，或者观念上的核心知识点，也就是小课堂的形式。而微信上讲销售知识，可能是一篇长图文，也可能是由几个故事引出一个销售的核心概念。变化的只是呈现形式，知识点是不变的。

说到底，媒介只是一种形式，我们不应该为媒介而焦虑。虽然具备媒体意识很有必要，但最核心最根本的还是内容。因此，大家在打造个人IP的过程中，特别是当市面上又出现了新的社交媒体平台时，不要焦虑，不要恐慌。这个时候我们更应该深耕自己的领域，以现有的内容为基础，去打造自己的个人影响力。

比如说，我们公司的使命和正在做的就是发掘真正懂行、有料、有干货的老师，帮他们赋能，让他们脱颖而出，成为IP化老师，成为KOL（关键意见领袖）、KOC（关键意见消费者），最终像李佳琦、薇娅、罗永浩、董明珠那样去卖货、卖产品，从而实现可持续的变现。我们要有这样的意识，这个时代是一个供给大于需求的时代，这意味着连接（卖货）比做产品、做服务的价值更大，获得的潜在回报也就更大。这也是为什么我们要打造IP来招生的重大意义。

我们在真正布局IP时最常见的有两个问题：一个就是跟风、什么火干什么；另一个就是什么平台都做，结果做不过来，自顾不暇。这里我可以给大家提一个建议，在你想要进行IP布局时，先结合自己的优势选择一个主战场。

第一，结合自身优势选择主战场。

新媒体多元化的好处就是，可以满足不同类型的人不同方式传播的需求，不同特质的人都可以找到自己的主战场。

比如说，喜欢二次元的可以去A站和B站，讲究时尚的可以去小红书，文艺青年可以去豆瓣。此外，喜欢简短思考、时不时能够输出想法的人，可以写微博；愿意针砭时弊、讨论社会问题的人，可以去知乎；声音好听的人，可以在喜马拉雅录节目；而现场表现力强的人，可以在快手和抖音录视频，或去直播平台做直播。

可以说，现在的互联网发展在媒体形式上最大化地满足了不同特质的人的传播需求。所以，我们布局IP时，不妨先想想自己的优势和特质是什么、目标人群是什么、最适合传播的平台是什么，不要盲目跟风。

第二，起步阶段，先专注内容本身。

当我们确定了主战场之后，可能有些人会有个疑问："所有人都知道做IP、做内容刚起步的时候没流量是个大问题，那么初始阶段，有没有必要找类似层级的人互推来互相导流呢？"

对于这个问题，我的建议是先专注内容本身。因为资源是个伪命题，我们尤其要避免"无效社交"和"无效努力"，你的时间才是最贵的东西。如果你的内容累积不够、你的知识框架体系还很单薄，还不能支撑起你做长期的高质量输出，这时候你去做这种互推动作，其实价值不大，甚至会是事倍功半。

这个阶段，比起互推，我建议大家找同道中人去交流、做朋友，学习人家怎么做内容。因为这个时代，只要你有优质的内容，真的不用担心你飞不起来。比如说，如果你在知乎只建立了一个专栏，并且有2000人关注你，那么只要你的内容足够好，不需要找人互推，这2000人就已经足够放大你的影响力了。

而且，如果你把内容做好，你是不缺机构来赋能的。最怕的就是，内容不够好，还总是高估自己，放大渠道的优势，放大营销推广的作用，觉得是渠道、营销没做好，最后的效果才不好。

但实际上，以我个人为例，在出版的十几年过程里，如果我找到了一个内容很棒的老师，哪怕他什么营销方法都不懂，我都会觉得自己找到一块宝。因为普通内容虽然泛滥，但真正优秀的内容真的很少。

所以我们在做个人IP的时候，真的应该花更多力气在内容上做建树，内容才是一切的根本。

第三，选择专业的机构更重要。

在全平台运营上，我觉得不妨和PGC（专业生产内容）机构合作或者自己成为PGC机构时再考虑。因为全平台运营，如果在早期的时候全部由你自己来做，时间和人力成本还是很高的。在初期启动、构建你的个人IP时，你只要先确定一两个适合自己的平台持续输出、积累就可以了。当然，如果你的精力允许，那你可以在微博、微信公众号、小红书、抖音等平台中挑几个同步运营，也是可以的。

可能有人会有疑问，如果有机构来找我谈合作，要帮我打造个人IP，这时我要怎么办呢？

对于机构的选择，我的建议是，如果偶尔有个人来找你，机构又比较小，这其实变相说明你的价值开始有了一个基础，但还不够大。这时如果你选择这些小打小闹的、又不那么专业的机构合作，没有太大的意义。此时你不如继续锤炼内容，等更好的时机和机会，等条件允许的情况下主动去找顶级的大机构或者虽然小但是专注而专业的机构合作。

每个领域的专业机构其实就那么几家，找起来难度也不大。就拿出版这一块来说，除了我们六人行图书这样专注地做内容的专业公司外，比较大一点的头部出版公司还有磨铁、中信、博集天卷、新经典等公司。

与此对应的，专业机构找合作老师同样也会更挑。一个老师要想做起来，在这个越来越专业化的时代，也越来越难，但这种难一定是难在内容上。因为资源的连接会越来越便利，最后比拼的一定是内容本身。营销推广的事情让机构去操心，作为老师你只要找到这样的专业机构就可以了。

以我们个人发展学会为例，目前属于行业内排名前十的做内容的机构之一。我们推出的课程，以尚兆民、鞠远华、纪元、李源、袁文魁等老师为例，都是属于通过我们合作的课程一年内收入数十万以上的老师；在各个平台，从十点读书、有书、知乎、喜马拉雅、掌阅，到荔枝微课、千聊等，都有我们一起开发的爆款课程。所以，只要老师的内容足够好，像我们这样的机构是可以全权负责营销的。

无论是打造个人IP，还是布局IP，最后的归宿都是卖货、卖产品、卖服务，将个人的影响力变现为百万、千万的收入。未来在售卖端口，必将靠IP化的个体来连接。因为IP化专家型老师的崛起，意味着在售卖这件事情上，人与人之间的收入差距将不只是二八定律，也不再是一九法则，而是1%与

99%的关系，各行各业大量的不够专精的传统销售将会被淘汰。这个趋势不可避免，未来十年将会持续发生，这也意味着专精内容的时代正在开启。

07

从低维到高维：连接的点、线、面、体

　　人类社会的发展与文明的进步，是社会网络不断连接与协同带来生产力大爆发的结果。这一结果也大大加快了智能商业时代临近的脚步。在迎接新时代到来之际，个体如何在整个社会网络中进行重新定位，都是值得我们每个人认真思考的。阿里前参谋长曾鸣教授曾提出"点线面体"概念，他认为点、线、面、体本质就是定位，就是从点到线、到面，再到体的不同维度上，通过无所不在的连接力，找到自己与这个世界更加吻合的生态系统。生态是未来智能商业的核心，未来时代一切连接的本质终归是打造一个成熟的、共享型生态体。

7.1 点、线、面、体是未来最理性的思考

我们有没有发现这样的情况：为什么同样的环境里，人与人之间表现出来的能力却有天壤之别？为什么有的人能迅速打开局面、快速成长起来？为什么有的人一直在原地打转、停止不前？从我个人的角度分析，我认为连接力在其中起到了关键作用，即连接广度、宽度和深度不同，整体架构就会不同。曾鸣教授提出的"点线面体"理论，可以更好地对此进行概括。

我们平时在生活中看到的物体都是立体的、是有形状的，所以，点、线、面、体一定是从这些立体图形中剥离出来的概念。从几何学角度来说，这种抽象的剥离描述不计其颜色，不计其材料组成，不计其大小，不计其空间。这只是一种理念上的存在。但这种理念应用于社会网络中，就给人们带来了无数的既定事实和收益，以及无限畅想的可能和空间。

我在读《智能商业》一书时，曾鸣教授是这样诠释点、

线、面、体的，他是先从"面"开始导入的。

"面"即是平台。曾鸣教授认为，"面"主要是帮助平台上的玩家建立广泛的连接，进而一起来享受网络效应带来的好处。例如，淘宝就是这样一个大平台。

"线"是平台上的众多商家。用曾鸣教授的话说，"面是各种服务和产品的聚合者，而在这个"面"上真正提供服务的是"线"，是数以万计的卖家。例如，各个品牌商都属于"线"。

"点"是每一位服务参与者。"点"一定是基于"面"的基础之上的。最简单的理解就是，滴滴的司机、美团的外卖员、喜马拉雅的音频主播……这些都属于"点"。

"体"是由无数个"面"构建而成的。用曾鸣教授的话说，"面"是"体"的最根本组成要素。

曾鸣教授先从"面"进行了通俗的分析，他认为一个平台就是一个面。从形态学角度上看，平台即为面，点是上面最基本的角色；点与其他点的连接，形成了线；线与线的运行轨迹，形成了面；面与面相互交错嵌合，形成了体。所以，点、线、面、体看似是四种形态，它们之间又是相互依赖、相互连接嵌合的，谁也离不开谁。

从连接力的角度来看，拿我在前面讲过的 A 和 B 例子来说，同一个班级里的两个人，A比B学习更好，可是B把自己这个弱小的点与周围的线、面、体取得连接，他取得的成功自然要远大于A。其实这里的B就是一个非常好的点、线、面、体相互依存、相互合作成功的案例；而A永远把自己当成是一个散点，尽管A的个人能力很强，但是失去了对外的连接，他就不能与更大的"体"建立联系。

未来时代，无论是商业还是个人，社会网络最基本的定位一定是在点、线、面、体四种形态。而我们最终的目的是实现点与线、面、体的相互对接，形成一个更强大的生态体。那么，我们每个节点在这个生态体中就会相互依存、相互协同，这时每个节点所产生的能量都是惊人的。比如我们前面提到的超级传播者、超级大IP就是一个最典型的例子。

7.2 点：个体因连接而变得愈发强大

从整个社会的角度来考虑，社会网络是由不同的节点相互连接而形成的社会关系，而这里的节点就是我们要说的"点"，而两个节点之间是靠连接来维持互动关系。从几何学来讲，单纯的点就是一个没有长度、没有宽度、没有厚度、只有位置的几何图形；而从社会网络上讲，点代表着一个人、一个团队、一个城市、一个国家……

我们要说清楚这个"点"，一定是要有参照物的。比如说，对于一个团队来说，其中的一个人就是一个点；对于一个企业来说，其中销售部门或行政部门也是一个点；对于一个城市来说，各区域分布的企业或市政机构也属于一个点；对于一个国家来说，各个城市或地区也是一点；对于世界来说，各个国家或地区也同样是一个点。

我在本书中强调的"点"，更倾向于个体这个"点"，更倾向于个体如何在整个社会网络中实现自己价值的最大化。

我们如何让"点"实现个人价值最大化？前面我提了很多的方法，而这些方法归根结底一定是要回到"连接力"这里。

大多数人都是平凡人，都只是芸芸众生中的一个小点，真正要实现自我理想的跃迁，可能需要你付出毕生的精力才能完成。因为你无论再怎么加班工作，再怎么努力创业，你也只是一个点，你一年所换取的收益也只是一个单点努力的成果。

一个孤立的单点是很难在未来的社会中生存下去的，你所做的一切勤恳努力都不会产生太多的收益。如果你要向前进步，你所要做的就是让自己的单点与更上层的线、面、体形成连接，让自己实现个人价值最大化。

我在"得到"上看过北大才女梁宁的《产品思维》课程，梁宁在里面举了这样一个例子，同样的一对双胞胎（之所以说是双胞胎，是因为这样可以最大化缩小彼此间的差异），毕业于同一所大学，哥哥去了腾讯，而弟弟则去了一家报社。几年以后，哥哥年薪已经是百万了，熟知他的投资人都想挖他出来创业。而弟弟刚进报社那几年，效益还是相对稳定。可是近几年随着报刊产业的下滑，弟弟的处境越来越尴尬，最后连工资都发不出来了。

同样的两个人，所选择的面不同、行业不同，才出现了后来两种不同的人生结果。也许弟弟可能比哥哥更努力，但是选择不同，结果就不同。正如我们前面所说，有时候选择大于努力。哥哥选择了正值热门的互联网行业里的巨头企业，而弟弟选择了当时也还是被人看好的报社行业，但是在互联网行业的冲击下，自媒体迅速崛起，使得报社这个传统行业顷刻间日薄西山。

与其说这是选择的结果，倒不如说我们的起点恰恰符合这个时代的发展，我们把自己与这个时代建立了一种更加贴合的连接。哥哥正是因为将自己的单点，与所在行业、与所在时代形成深层的连接，才使得自己迅速发展壮大。

那我们如何像哥哥这样让自己的单点变得更有价值化？我们前面讲过的连接力的五大模型便是最有效的途径，通过构建五力模型，打造我们个体的连接力，与更高层次的线、面、体建立一种连接，实现个人价值最大化。

智能商业化时代的临近，让个人的价值变得空前强大。在我看来，互联网未来最诱人的生意一定是点的生意。更多的点将成为超级个体、超级传播者，虽然微观但绝不渺小。有能力、有特长的人，将完全从线下走到线上，在平台上、在生态体上获得巨大的资源和影响力，个体的能量也会得到前所未有的爆发。

　　从表面上看，人类社会的发展好像又回到了个人单挑的时代了。但事实上，互联网下的个体时代远远不是早期单打独斗式的存在了，现在的个体是一个基于拥有无数资源的平台上的超级IP。

　　从没有哪个时代个体的能量因为连接而变得如此强大。从早期的需求过剩到现在的供应过剩，人们的消费动能重新回到人的驱动。现在短视频与直播经济的发展，让我们每一个人都可以通过虚拟的线上，真切地感受到人的温度与感染力驱动我们的消费行为，个体的连接也前所未有地呈现出即时而立体、便捷而有温度的特征。

7.3 线：从点到面的快速跃迁的捷径

　　为什么你明明努力工作可结果还是不如人意？因为，你只是一个点。如果你要向前进步，就需要培养自己的线性思维，至少要获得一次线性周期的收益。比如，你可以去快速获得职位上的升迁，你也可以去北上广买房，你甚至可以进入某个大公司去享受股权……这些线可以实现你从点到面的跃迁。

　　什么是线？几何学里有清晰的解释，线就是点与点的连接。从职场的角度来看，点就是员工，线就是领导，面就是公司。要想在职场中获得更好的发展，你可以与你的领导连接成线，获取更多的资源，获得满意的职场发展。

　　一个人如何实现从点到线？《大连接》一书中提到的"水桶队列"的概念，可以更清晰地解释这一点。作者在书中列举了关于房子着火的案例：

　　假如有一个房子着火了，你正好从旁边经过，旁边也有水源。如果你一个人用水桶提水来灭火，结果也只是杯水车薪。一个人的力量太有限了，你没有办法通过自己的力量来灭掉所有的火焰。这就是为什么有的人看上去很努力，平时加班加点没命地工作，也只是拿到微薄的薪水；哪怕薪水很高，在北上广也难以凑足一套房子的首付。

这时如果旁边有100个你这样的人，每个人都有一个水桶，这样效率会不会更快呢？100个人提水，每个人都来来回回往返于着火的房子与水源之间，这样的效率肯定会比一个人高得多。但是你还要考虑一个问题：在救火的过程中，有的人可能弄丢了水桶，有的人可能会被其他人绊倒、摔伤，有的人可能迷了路，也有的人可能因为拥挤发生争吵等，最后大家乱成一团，结果房子还是被大火烧掉了。

想一想，很多公司部门是不是这样？每个人互不相干，各干各的，甚至还会互相攻击和拆台，最后部门直接被公司关掉了。为什么会这样？因为这些人都只是一个个散点，点与点之间没有一定的联系，各忙各的，没有形成合力。一个团队没有形成合力，与一盘散沙没有什么本质的区别。

还有没有更好的解决办法呢？如果我们把同样的100个人连成一条线，效果就会明显不一样了。100个人从水源位置一直排到着火的房子，一个连接一个，从头到尾排成一条直线，然后在水源位置的第一个人将水桶向房子方向的最后一个人传递，然后再用同样的方法把空桶传递回水源位置。这样的做法不仅节省了大量的时间，也节省了每个人的体力，甚至是那些不能长时间行走的人也能参与到这条线中。

这就是水桶队列，是社会网络连接中一种最简单的模式，正是这种最简单的连接模式让单个点充满了活力，产生了更多的价值。正如作者尼古拉斯·克里斯塔基斯在书中所说："正是这些连接关系让群体做到了没有连接关系的个人的松散组合做不到的事情，正是连接关系导致了整体大于部分的总和。这种连接关系的特定模式，是理解网络是怎样发挥作用的关键。"

我们要想在职场中获得满意的发展，一方面要做好自己，最大化自己的单点价值；另一方面也要把自己这个点与他人建立连接，打造一条强大的线，让每一步成为下一步的跳板，为下一步的发展做好铺垫。

一个朋友与我聊天时，讲了自己进入职场时遇到的一些问题。当时他是一名项目经理，每天都要完成老板交代给的各项任务。他的基本逻辑是：以天为基本单位，把当天的事项处理好。那时候公司里的项目非常多，每天都会有好多的事项等着他去安排。尽管他感觉每天都非常忙碌，可却一点儿也体会不到工作所带来的成就感，不仅身体累，心也很累。

后来，一个同事的做法让他顿时看到了自己的差距。同样是项目经理，而他的同事每周只是交代下面员工几句话：简要地说明两三个重点项目取得的进展，再对下一步计划或者需要上级协调的事项进行重点说明。这样整体工作变得非常顺畅，他自己也能轻松应付。

可以发现，我的这位朋友只关注具体的事项，眼里只有一个一个的"点"，而他的同事则更关注项目的整体，眼里是一条"线"，整个视线范围更广。显然，平时只关注于线的人比关注于点的人更具有优势。眼里有线的人会关注线上所有的点，并善于连接外力，借力打力，个个突破；而只关注点的人比较短视，只看眼前，不看长远。同样的道理，一个人想要获得更多的资源，需要有长远的眼光，需要有"线"性思维的能力，需要把自己这个点与其他人、与其他技能连接成线，以在将来连接更大的面。

人们常说生活要顺其自然、随遇而安，其实这也是造成你被孤立的主要原因。没有人生来就是成功者，我不是天生就会做出版，你也不是天生就会画画。一切成功的开始都是源于我们主动与其他的人、事、物形成一种主动连接，这样成功的机会才能落到自己身上。

所以在我看来，一个人要从一个点走向一条线，除了要具备连接力五大能力之外，还要主动走出舒服区，要与他人进行主动连接。我这里有三点建议，可供大家参考：

第一，建立强大的内心，不要"人云亦云"。

改变总是伴随着痛苦，从被动到主动，无论是从点到线，还是从点到面，你都需要建立强大的内心，以坚强的毅力去面对一切。

第二，不要暗示"我不行"，要大声告诉自己"我能行"。

同样是半杯水，消极的人认为只有半杯了，而积极的人认为还有半杯，这是不同的自我暗示带来的不同结果。你可以想象一下，并不断暗示"我能行""我可以"……你很快就会感觉你与其他点的连接越来越近。

第三，像登门槛一样接近你的目标。

想与一个大人物建立连接关系，就可以先与他身边的小人物取得连线，这是"登门槛效应"。一级台阶一级台阶地往上连接，这样能更容易、更顺利地连接到高处。

当进入职场后，你要清楚职场和学校不一样，你已经是社会人了。刚开始可能不会有人来帮你，你只是一个孤立的点，所有的事情都要靠你自己去争取。社会网络关系就是这样，在你的自我价值没有得到明显体现时，没有人会主动来找你连线，这时你应该主动去连接别人，让自己在整条线上展现出自己的价值。

7.4 面：连接平台比单纯努力更重要

　　很多人常来问我，互联网的发展趋势是什么样的？在我看来，互联网时代有上半场和下半场之分。当我们活跃于互联网的上半场，这时最大的生意是平台上的生意，像阿里巴巴、腾讯、滴滴、美团、抖音等，这些都是超级平台。

　　平台是什么？平台就是我要说的面。一个个体发挥自己最大价值，需要与线连接、与面连接；一个企业不仅要与更大的线连接，也要与更大的面连接，以早日让自己成为一个面、一个超级平台。这些都是企业的必经之路。像淘宝、抖音、快手等都属于平台，是很大的面，是无数条线的轨迹形成的面，平台面越大，其下面的线和点成长得也就越迅速。正如曾鸣教授所说："平台通过广泛连接不同的角色，使之合作协同，同时建立各种机制，促使全局利益优化。"

　　苹果为什么能打败诺基亚？是因为苹果的核心技术很强吗？事实上，在苹果手机问世之前，诺基亚就已经推出了触屏手机，而苹果只是把这些新技术应用到了自己的平台站上。如果没有iOS平台，苹果想要单靠技术就打赢诺基亚，恐怕还得需要很多年。正是因为iOS平台的问世，才打得传统手机毫无还手之力。直到安卓系统的出现，才让传统手机看到了希望，才有了后来智能手机百花齐放的局面。所以一切的胜利都是源于平台的胜利。

同样道理，对于个体成长来说，个体需要与线连接，需要与面连接，而且面上也催生出无数条线和无数个点，并为之源源不断地赋能。这属于一种相互间的更广泛的连接。如果你的思维里还没有形成"面"的格局，那你的整个人生都是受限的；如果你的思维能够有"面"的格局，那么你的职业发展之路也一定会登上新台阶。

举一个简单的例子，有人曾问我，从古至今哪个老师的学生最多？也许大家会说儒家大师孔子，因为孔子号称学生遍天下。那我们把所有与孔子有过接触的——无论是长期的专业学生，还是短期的实习生——都加以统计，历史给我们的答案也不过是3000人。在这里，每个学生就是一个点，孔子就是一个面。孔子与每个学生的对接就是一条线，与3000个学生对接就形成了一个面。这个面在那个时代来说已经足够大，它使得那3000个学生借助于这个面大大提升自我价值。

现在，我们把目光聚焦到今天的互联网时代，如果我们把一个小型的教育机构比作是一个面，其线上和线下所涵盖的学生数量，其实都要远远超过3000这个数值。如果这家机构的老师把教学视频放到网上传播，那他这个"面"的学生数量就更要远超孔子了。

我们再拿电影《中国合伙人》中的新梦想学校来说，有人说这个原型取自于新东方学校。这个学校，从最初个把人，发展到中期2000多人，再发展到后来的3888888人。三个合伙人打造了一个大平台，这个平台上的学生数是孔子的一百多倍。那么，你现在还说孔子的学生是最多的吗？

所以，今天再问谁的学生最多，恐怕是不能给出准确答案的。当然这是时代造成的，那是什么造成了这两个时代的巨大差异呢？是连接力。因为平台与平台不一样、面与面不一样，连接的能力自然也不一样。网络时代的连接力，赋予了这个时代的价值，更是赋予了这个时代里各个平台的价值。

在这个时代里，一个具有优秀连接力的人或平台，都可以通过网络飞速地获得信息，找到自己所需要的人、事、物，同时也能够飞速地进行整合与共享，实现彼此的共赢。

一个普通的教育机构之所以很快就能招到比孔圣人更多

的学生，是因为这个时代赋予了这个机构平台能够快速建立连接的能力。这是时代所带来的红利。反过来讲，我们作为一个点，要想在这个时代里获得更多的红利、取得更大的价值，关键是取决于我们这些点和线如何通过连接力五大能力与面进行有效的连接。

面、平台是互联网发展的现行趋势，但这个趋势是不是人类社会发展的最终目标呢？显然不是。正如梁宁所说："悲催的人生，就是在一个常态的面上，做一个勤奋的点；更悲催的人生，就是在一个看上去常态的面上，做一个勤奋的点，你每天都在想着未来，但其实这个面正在下沉。"

想要有更好的发展，想要有更大的连接，我们还要从面跨越到体上。从商业角度来看，一个企业从"面"跨越到"体"上并不是一件容易的事情，只有马化腾、马云等商界大鳄才有资格考虑这样的事。但是从个体角度而言，我们在社会网络中让自己的眼界从点到线，由线到面，再跨越到体，反应的就是一个人的格局和空间。

7.5　体：连接一切，赋能于人，形成共享生态体

未来的发展趋势是什么？我们人类的发展目标是什么？

梅特卡夫定律告诉我们，网络的价值等于网络节点数的平方。当所有的点与点连接成线，线与线连接成面，无数个面就会形成一个体。未来一定是由无数个生态体构建的世界，在这个世界里，每个个体都可以实现自己的需求。

如何去理解这个生态体呢？我们以一片树林为例，一片树林就当于一个面、一个平台。在这片树林里，每个物种都是一个点，它们与每个资源的线连接构成了一条线。比如说，树林里的野兔就是一个点，整个树林为野兔提供了一个生态位。

这时野兔需要借助于树林里的河流解决口渴的问题，野兔与河流之间形成了一条线；野草解决野兔的温饱问题，野草与野兔之间形成了一条线……这里所有的生物，如野

兔、河流、野草等和树林共同组成了一个平台，这就是一个面。

当更多的面、更多的树林连接在一起，便形成了一个更加庞大的森林，这个森林就是一个体。一个森林一定是具有生态气息的，彼此相互依存，相互促进，否则个体是无法单独存活的。

以淘宝为例，淘宝就是一个面、一个平台。在这个面上，点是各种各样的角色。比如说，点可以是一个买家、一个快递员、一个淘宝主播……这些点可以建立更多的连接。一个快递员可以连接其下面的客户、连接上面的商家、连接转运中心等多个点。这些点与点之间就形成了各个分支线，这些线的中间省去了很多中介环节。无数个点连接出无数条线，无的线与线之间相交、互助、协同，又形成了面。当线与线交错越多，形成的面也会越多。

演化还在继续。当面与面交错，就会培育成一个新的生态结构，即生态体。今天的阿里巴巴就是一个生态经济体，正如马云所说："今天的阿里巴巴已经不是一家普通的公司，而是一个经济体，一个新型的经济体。"

在这种点、线、面、体的架构下，今天的淘宝已经把传统零售业甩得很远了，它也不再仅仅是个购物网站了，而是一个可以赋能无数个点、线的超级大平台。不远的未来，它有可能会像阿里巴巴一样，成为一个具有旺盛生命力的生态体了。而淘宝现在还只是阿里巴巴的一个平台，未来的阿里巴巴会是什么样的超级巨兽，我们不得而知，但其体量一定是惊人的。

如今梅特卡夫最初的预言已经越来越趋近于现实：随着越来越多的事物、人、数据和互联网连接在一起，互联网的力量（即网络背后的网络）会呈指数级增长。从本质上来说，网络的力量推动万物互联，形成了一个强大的生态体，产生令人难以想像的超级价值。

在这个生态体中，所有的点、线、面、体，既是连接的，又是独立的，每个单独的个体都是一个灵活的能够自赋能的自组织。

以上这些是商业的点、线、面、体架构。但于个体而言，一个人的成长也离不开点、线、面、体这个架构。你在职场中想要取得成绩，在连接力五大能力的帮助之下，除了考虑让自己与他人建立连接，更要考虑背后的面和体是什么样的。你只有依附于一个上升的平台、依附于一个上升的"生态体"，才能将自身经由痛苦附加的努力转化为幸福的回报。

记得在2016年在全球移动互联网大会上，腾讯副总裁程武发表了名为"共享连接的力量"的演讲，他表达了一个观点：连接一切，赋能于人，形成一个共享型生态。

在程武看来，互联网的本质就是连接，未来的发展也是"连接一切"。无论是连接人，还是连接事与物，根本目的就是为了满足人的延伸，让人的触角在网络里无限扩张，让人在这个网络中获得更多的资源和能力，实现个人价值最大化。

"连接一切"，其根本目的是要赋能于人，让网络中每个最小的节点都能实现连接，使自己成为超级传播者，成为大IP。比如说，李佳琦通过人与产品的连接，被集体赋能迅速成为知名网红；罗振宇通过人与知识的连接，让自己拥有数百万的粉丝；李子柒通过人与美食连接，被集体赋能后火爆海内外……这是连接所带来的魅力！

与此同时，未来的时代，连接会越来越深，连接的形式会越来越紧密、越来越倾向于以人作为介质。微观个体的能量之所以前所未有地巨大，是在于连接因为人而变得更性感和生动。这也是梅特卡夫定律的价值升华。

今天的共享经济强调"使用而不占有"，在这种风尚的引领下，当"连接一切"之后，所有人都可以相互连接。在这种连接下，人们可以实现资源共享，人们再也不会为没有资源、没有渠道而发愁了。连接到最后，形成的一定是个共享型生态体，这即是未来人类发展的目标！

后　记
未来，人将连接一切

这是一个竞争越来越激烈的社交新时代，与此同时，这也是一个因为连接而变得愈发美好的新时代。在这个新时代里，我们越来越强烈地感受到有三大不变的底层趋势，在不断地持续发酵、升温。

第一个趋势：一切越来越便利。

让生活越来越便捷，是互联网这二三十年发展不变的规律。互联网下半场，从大的基本连接，到走向为个体赋能的深连接，连接越来越小微化。连接所带来的改变细致而具体，从来没有让我们如此地感同身受。凡是有利于我们生活、工作的事物，都将持续地获得胜利，这将成为一种新的常态。

第二个趋势：所有的商品和服务本身，越来越趋向于微利。

社会分工、规模化协同发展到今天，绝大多数商品和服务的供给，已经彻底地走向供大于求的趋势，我们不要再期待商品和服务本身的功能和实用价值有多么稀缺。从经济发展的规律来说，当稀缺沦为司空见惯，依托于功能和实用本身来追求高价值、高毛利的时代已经结束。在这样一个背景下，人们注重实用、功能性的传统价值衡量标准被打破，全社会的企业和个人都面临着自身产品与服务本身的毛利空间在不断压缩的挑战。

第三个趋势：一切重回人性，情绪与情感连接的价值被史无前例地回归并放大。

如今人们衡量价值的标准已经改变，价值关注的焦点一切重回个体本身的温度、情感。这也是网红带货、社交电商崛起的底层原因。网红带货衡量所带货价值的标准，衡量愿意为此承担带货成本的高低，越来越关注的是基于产品或服务本身之于大众的情绪价值。大众愿意为网红、KOL、IP买单，接受直播、内容带货背后的底层逻辑，也在于情绪与情感连接的价值本身。

可以预见，未来十年，在这个全新的时代里，与大众的连接更有温度、更有情感价值属性的品牌，将在中国的各个领域诞生，让这些全新的品牌以及品牌背后的企业或个人，收获因为情绪、情感的温度而带来的溢价。

未来，人将连接一切！

近几年以来，腾讯一直倡导着这样一个口号，即"连接一切"。"今天我们用QQ、微信聊天，将来我们还可以用QQ、微信做饭、洗衣服、开车、看医生……"无论是QQ也好，微信也罢，腾讯现在所做的工作都是在建立"人与人"的连接。

在未来，腾讯将"连接一切"，这不仅是腾讯的目标，也是全人类的目标，而"连接一切"的主体一定是人，"连接一切"的价值标准则是连接力。

大企业如此，小公司也是如此。就拿我们公司发起的"陪你发展书友会"倡议来讲，我们鼓励更多的人读书，鼓励更多的人通过读书来实现个人价值最大化。其实这个"书友会"就是一个非常好的连接工具，它可以帮助我们实现无限连接。

像我们这样一家生产和运营帮助用户成长的内容公司，想要持续地获得胜利，就必然要在与用户连接的温度上全方位升维。这种温度、这种情感价值，应该贯穿于内容生产、内容交付的各个环节，并通过这种温度、这份情感，收获用户的反馈，把用户拉到与我们一起的位置，一起应对未来的不确定性，一起顺应未来的各种变化，一起不断壮大，并走向卓越。这才是我们能持续走向胜利的核心因素。

如果我们的用户不能带来用户，如果我们创造的价值不能带来价值的升维，那么一切都是空中楼阁。不论是公司、产品，还是我们的职业辅导老师、IP 老师，皆是如此。

我们急需建立一个拥有成长性、强韧性的价值机制，来帮助我们不断地向前进化。那么，什么样的价值机制具有可持续的价值性，同时强韧又可进化、有温度又可提供呢？这个时代，"读书""以书会友""以书交友"，是每个人应对变化而保持自己终身学习所需要做的一件事情。没有什么比"读书"更能把大家连接在一起，并且愿意一直相伴的事情了。这件事情，可以让我们的作者、老师、合作伙伴，和用户建立最自然、最有温度的持续连接，从而为我们全方位的内容生产和运营赋予情感，让价值得以放大。

大家想一想，当年每月一本的杂志《读者》为什么能那么受欢迎？这背后的底层价值是什么？在这样一个时代，又如何复活《读者》的价值？想象一下，如果我们每周日晚八点邀请作家本人进行一次互动讲书，把这种体验做成更细致、更有多样价值提供的体验，是不是就是一个更有互动性、更有温度和价值性的面对面的《读者》呢？这也是我们倡议成立"陪你发展书友会"的初衷。

不论你是辅导师、IP 老师、我们公司的任何同事，或者任何非我们公司的朋友，我们愿意邀请每一位想要追求终身成长、愿意连接的朋友成为"陪你发展书友会"的分会会长。在这个过程中，我们将突出"你"作为个体的价值，突出"你"在书友会里温度与情感的价值。这是属于"你"的书友会，你就是KOL。你的书友会可以有一群、二群、三群……不断壮大。这个壮大的过程就是你的连接力壮大的过程，书友会的朋友都是属于你或近或远、但又与你有相同喜好的好友。成长不应该是孤独的个人之旅，这也是我们倡导的"以书会友，以书交友"的理念所在。

不可否认，这是一个最好的时代，也是一个连接的时代。未来，人将连接一切，不论是书友会，还是QQ、微信，都只是一个连接工具，将人连接在一起的工具；每个人也因为连接而变得不再孤独，每个企业也因为连接变得无比强大。正是因为有了连接力，这个世界变得更加团结；正是因为有了连接力，这个世界变得更加有温度、更加充满活力！

未来已来！未来必会无限精彩！

刘 Sir

2020 年 6 月